アムネスティ・インターナショナル日本 国際人権法チーム 編

ぼくのお母さんを殺した
統領をつかまえて。

を守る
しくみ・
事裁判所

合同出版

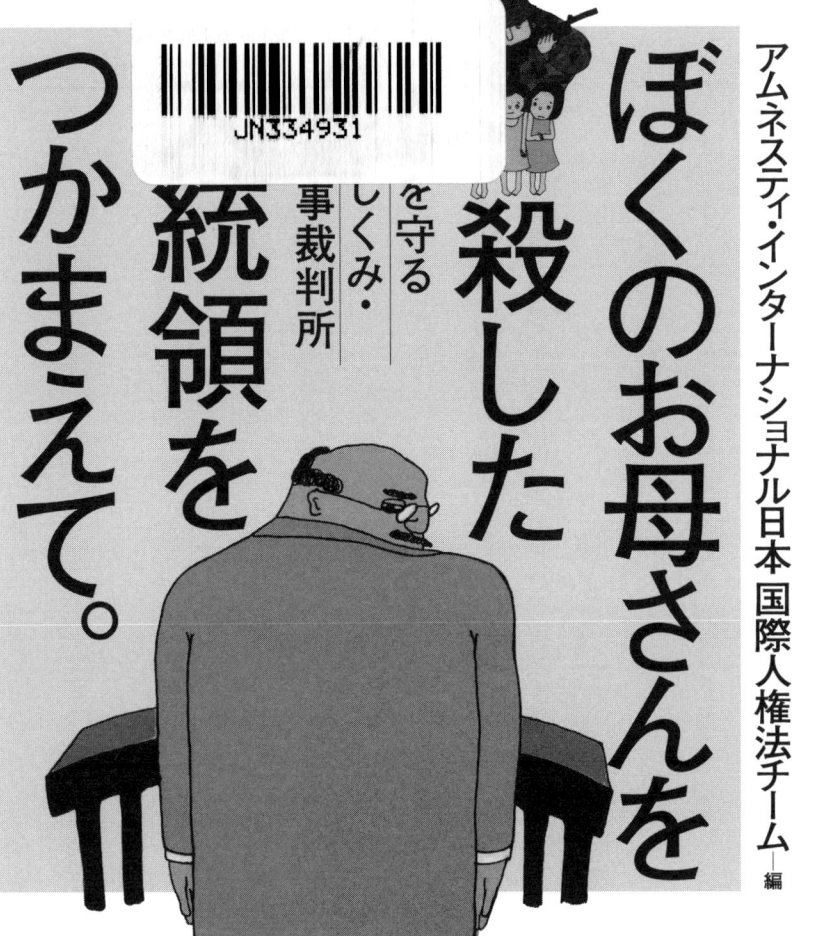

この本を読むみなさんへ

現在世界には約70億人の人びとがいるといわれます。とてつもない数に思えるかもしれませんが、人類の長い歴史を考えれば、おなじ時代に生きている、ただそれだけで奇跡と言えるかもしれません。しかし、おなじ時代を生きてはいても、生まれた場所によって、人の一生はどうしてこんなに違うのだろうと思ったことはありませんか？

紛争や貧困により、世界には、平均寿命が40歳代の国があります。およそ5人に1人の子どもたちが5歳まで生きられない国も存在します。また、私たちが当然と思っている教育を受ける権利が、一部の子どもだけの「特権」である国も少なくありません。

しかし、こうしたことは、寿命や教育にかぎりません。私たちが当たり前すぎて「権利」だと気づきもしなかった「人権」も同様です。子どもが子どもとして生きる権利、命を狙われずに日々暮らす権利、安全に自分の意見を主張する権利。犯罪が起きた際には、加害者がだれであっても、公平・公正に法の下で裁かれ処罰されることが保障される権利。実はこれらを手に入れられない国がたくさんあるのです。

たとえば、あなたのお母さんを殺した犯人が一国の大統領であったら、どうでしょう？

国を治める最高責任者たちが組織的に国民を虐殺していたら……。多くの場合、そうした加害者が国内で公平に裁かれる可能性は皆無と言ってよいでしょう。

本書は、そうした国ぐにの実情と、それと闘う人びとや、国際刑事裁判のしくみを紹介した、とても大切な本です。とはいえ、私たちとはあまりにかけ離れた世界に生きる人たちの生活を想像することは容易ではないかもしれません。

しかし、この本を読むと、いま、この瞬間にも、そうした世界に暮らす人びとへの想像力と共感とが広がります。国際刑事裁判所という耳慣れないしくみがどうして必要だったのか、なぜ国内の裁判所だけではいけなかったのか、それがうまく機能するために、どのような努力がなされているのかが、よく理解できます。

私自身、紛争地での援助活動を通じて、旧ユーゴスラビアでの虐殺の現場に遭遇し、その首謀者・実行者らを裁いた国際刑事法廷の課題と重要さ、そして人権を守るために私たち一人ひとりが関心をもち、声をあげることの重要性を痛感しました。だからこそ、みなさんにも、この本を通じて、学んでいただきたいと思います。

では、「人権」という視点から世界の現状と、国際刑事裁判のしくみを見ていきましょう。

長　有紀枝（立教大学教授）

はじめに

みなさんは、国際刑事裁判所というなまえを聞いたことがありますか？

国際刑事裁判所は、暴力や差別、紛争によって人びとを傷つけたり殺したりした者を公正に裁き、被害を受けた人びとを支援することを目的に、１９９８年に国際社会の合意でつくられた国際的な裁判所です。たとえ国家の大統領や首相のような高い地位にいる人であっても、拷問や虐殺をおこなった者はこの裁判所で裁かれるのです。

いまこの瞬間も、世界のどこかで、さまざまな国の政府や軍隊、さまざまな武装勢力による暴力や紛争によって、社会の中で弱い立場におかれている女性や子ども、お年寄り、民族や宗教などで少数派に属する人びとが、差別や暴力のターゲットにされ、犠牲になっています。ときには、「テロから人びとを守るため」と言って、そうした暴力がまるで正しいものやよいものであるかのように、ごまかされることすらあります。

一方で、紛争や暴力に反対する声をあげ、平和な世界をつくろうとするとりくみも、世界中でずっと続けられてきました。

この本の第1章では、世界で起きている紛争や人権侵害について、いくつかの事件を紹介します。第2章から第6章では、戦争や暴力に対し世界の人びとがどう向き合い、どのようなとりくみをしてきたのかを取り上げます。そのうえで、第7章から第10章で国際刑事裁判所について紹介します。国際刑事裁判所はどのような機関なのか、どのような人権侵害の問題にとりくむのか、その可能性と限界はなにかなどについて説明しています。そして第11章で、紛争や人権侵害を防ぎ、被害者を支援していくために、ほんとうに大切なことはなにか、私たちになにができるか、考えたいと思っています。

この本を手にするみなさんが、国際刑事裁判所のことを知ることを通して、拷問や虐殺、差別のない世界へ近づこうと懸命に努力する国際社会の動きを少しでも感じてくだされば幸いです。

２０１３年12月10日　世界人権宣言から65年目の冬に

アムネスティ・インターナショナル日本　国際人権法チーム

もくじ

装丁／守谷義明＋六月舎
イラスト／菊地麻衣子
レイアウト／Shima.

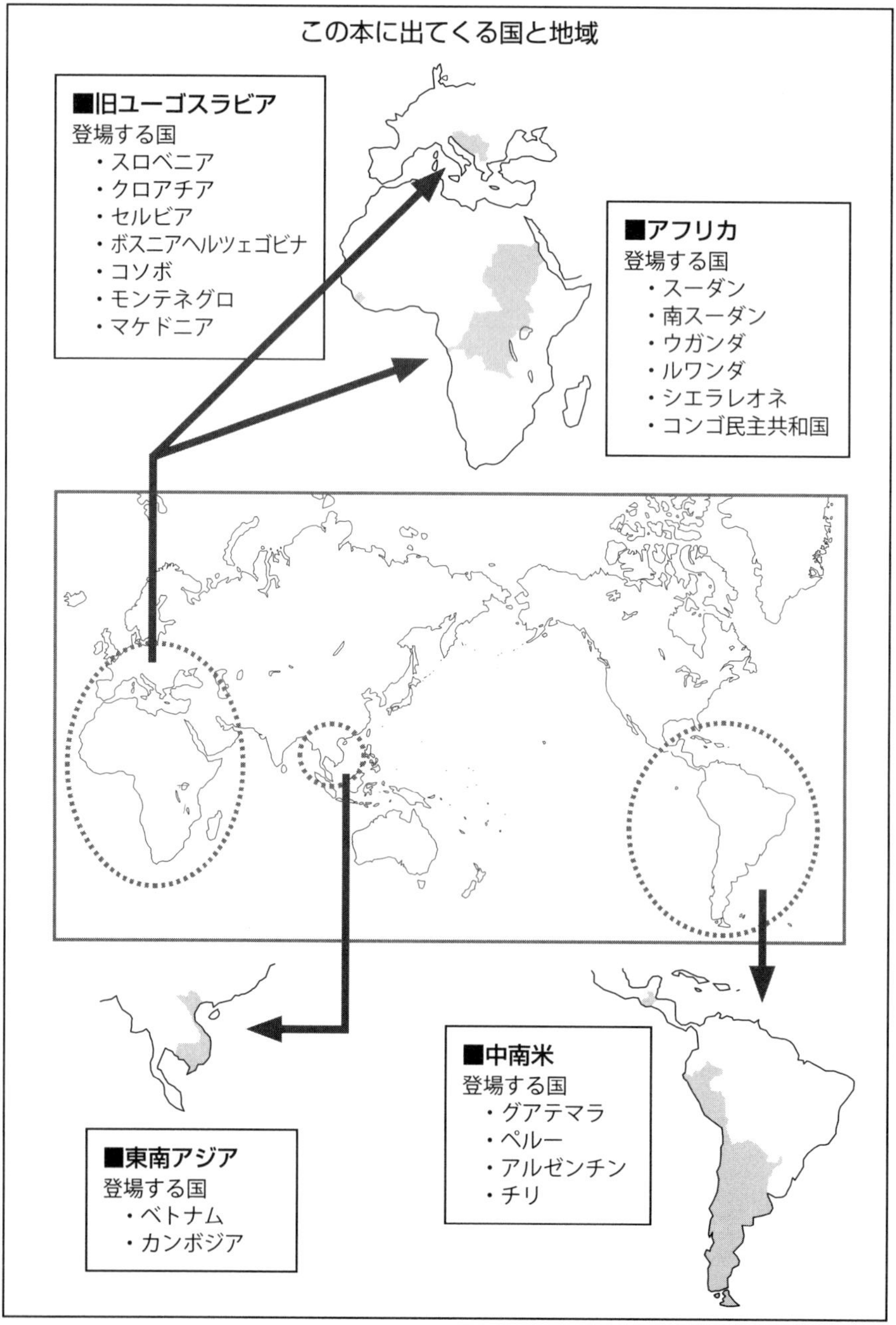
この本に出てくる国と地域
■旧ユーゴスラビア
登場する国
・スロベニア
・クロアチア
・セルビア
・ボスニアヘルツェゴビナ
・コソボ
・モンテネグロ
・マケドニア
■アフリカ
登場する国
・スーダン
・南スーダン
・ウガンダ
・ルワンダ
・シエラレオネ
・コンゴ民主共和国
■東南アジア
登場する国
・ベトナム
・カンボジア
■中南米
登場する国
・グアテマラ
・ペルー
・アルゼンチン
・チリ

第1章
知ってほしい世界の現実

いま、このときも、世界のあちらこちらで人権が脅かされ、たくさんの人たちが犠牲になる、そんな悲しくつらい現実があります。
ここでは、象徴的な6つの事例を紹介したいと思います。

子どもたちが兵士として戦争へかり出されている

オリバーくんは11歳のときに子ども兵士になり、それから7年間、さまざまな武装集団に所属してきました。コルタン*が豊富にとれるカトヤという町を略奪した後、RCD-Goma*の指令官は一般市民を襲撃するよう、オリバーくんたちに命令しました。

「わたしたちは村人のすべてのものを奪うように命令されました。彼らを追い出して、住まいを破壊するつもりだったのです。すこしでも抵抗した村人は全員殺すようにとも命じました。司令官は、わたしがその命令を実行するかどうかたしかめるために、兵士2人にわたしを見張らせていました。命令にしたがわなかったらわたしを殺すつもりだったのです。だから、わたし

*コルタン：携帯電話などIT機器の製造に不可欠な鉱石。世界的に需要が急増しているが、コンゴ民主共和国などごく一部の国でしか採掘できず、資源確保をねらう先進国の介入が内戦を複雑にしたといわれる。

*RCD-Goma：コンゴ民主連合。AFDL（コンゴ・ザイール解放民主勢力連合）に反対する勢力を統合して結成した武装組織。

は村人を銃で撃ち殺しました。つぎに女性と子どもが連れてこられて、わたしに、生き埋めにしろといいました。女性と子どもは泣き叫んでいて、逃がしてほしいと訴えていました。かわいそうでしかたありませんでした。でも、後ろをふり返ると、わたしを見張っていた２人の兵士が目に入ったのです。わたしは自分にこういい聞かせました。『この女性と子どもを逃がせば、後ろの２人が自分を殺すだろう』。自分が助かるために、わたしは女性と子どもを生き埋めにしました*」

これはアフリカのコンゴ民主共和国*で子ども兵士として働かされていた子どもの証言です。コンゴ民主共和国は天然資源の豊かな国です。しかしその資源をめぐっての争い*がいつも絶えませんでした。

とりわけ１９９６年と98年に起こった二度の内戦は、「アフリカの世界戦争」とも呼ばれるほど、深刻な紛争になってしまいました。

「逃げようとした子が２人いたの。12歳と13歳の男の子だったんだけど、つかまったの。わたしたちは軍のやつらに呼ばれたから、『私たちは逃げま

＊「自分が助かるために女性や子どもを殺す」『子ども兵士　銃をもたされる子どもたち』アムネスティ・インターナショナル日本著（リブリオ出版、２００８年）より

＊**コンゴ民主共和国**：１９７１年から97年までは「ザイール共和国」と呼ばれていた。しかし、もともとはベルギーが植民地として支配しており、このことが現在にまで続く紛争の火種となっている。

＊**資源をめぐっての争い**：資源をめぐって諸外国（ルワンダ、ウガンダ、ジンバブエ、アンゴラなど）が介入した結果、国内外での対立がより激しくなり、紛争はより長期化した。そしてここ20年あまり、とくに激しい戦争が続いており、政府軍と反政府組織双方が子どもたちを兵士としてかり出している。

コンゴ民主共和国北東部イトゥリ州で起こった内戦の生存者たち。2003 年。
©Amnesty International

せん』っていったの。それでも、司令官が罰だっていって、みんなむちで打たれたわ。ある女の子は兵士２人から打たれてた。わたしは途中で気をうしなっちゃった。逃げようとした２人の男の子は茂みに連れていかれて、わたしたちはその２人を殺すように命令された。女の子が２人選ばれて、男の子たちが死んでしまうまで殴るようにいわれたの。ほんとうに死んだかどうか銃剣で突き刺して、踏みつけていたわ。『お前たちがこいつらと同じことを考えているのはわかっている。もし逃げようとしたら、同じ目にあうからな』って司令官がいったわ」＊

もしあなたがおなじように命令されたとしたら……。

このような状況をあなたは想像できますか？

そもそも大切な仲間を殺させるのには、兵士となった子どもたちが脱走しないように恐怖をうえつけるといった目的があります。また、子どもたちを兵士にするために誘拐する際、一緒に暮らしている家族の殺害を命ずることは、兵士となった後に家族のもとに帰らせない、命令に服従させコントロールをしやすくするといった目的があります。コントロールをしやすいよう、

＊ウガンダ17歳少女の証言『子ども兵士　銃をもたされる子どもたち』アムネスティ・インターナショナル日本著（リブリオ出版、２００８年）より

麻薬を子どもたちの顔や手に埋め込むこともあります。

子ども兵士は、兵士が子どもたちを誘拐したり、子どもたちが自ら入隊したり、親が貧しさからお金を得るために子どもたちを売るケースもあります。

ウガンダ共和国はアフリカの中央部に位置し、１９６２年に独立した後もクーデターが相次いで独裁政権ができ、不安定な状況が長く続きました。いままで20年以上、ウガンダの北部では反政府武装勢力「神の抵抗軍*」との戦闘が続いてきました。反政府武装組織は、村々を襲っては略奪・殺害をくり返し、子どもたちを拉致《らち》（誘拐）して兵士として酷使していました。一方で、ウガンダ政府軍も住民を巻き込んで「神の抵抗軍」に対する戦闘を展開したため、一般住民は双方から長年にわたって被害を受けました。

特定の人たちがねらわれ、たくさんの人たちの命が奪われた

「干上がった河や舗装されていない道路をゴカル村目指して車で移動中、うち捨てられた村をいくつも目撃しました。それらの村には数カ月前までマサリト族やボルグ族が暮らしていましたが、今や取り残されたラクダやヒツ

***神の抵抗軍**：ジョセフ・コニーが率いる反政府武装勢力。80年代後半から2万人以上の子どもを拉致したといわれている。

コンゴ民主共和国の民兵組織の子ども兵士。２００３年。©Amnesty International

ジが草を食べているだけでした。村人がいない空っぽの家の天井にはスズメバチの巣がぶら下がっていました。家のまわりには雑草が生い茂り、こわれた鍋や子どもの靴が戸口に落ちていました。

（中略）ヌリ村を追われた2人の女性の話によると、村民１３０人がジャンジャウィードや軍服の男たちの襲撃や空爆によって殺害されましたが、男手がなかったため、女性たちで埋葬したといいます。２人の女性も7人の男性の埋葬を手伝いましたが、埋葬しきれなかったために死体を避難所に安置していたところ、夜、ふたたびジャンジャウィードの襲撃があり、避難所もろとも死体を焼き払って行ったということです。

今、村にはだれも住んでいません*」

アフリカ北部にある国スーダンでは、２００３年、西部のダルフール地方でスーダン政府と民兵組織（ジャンジャウィード）が村々を焼き払い、たくさんの人びとを殺しました。この虐殺行為は、特定の住民（非アラブ系の農村住民）に的を絞って殺そうとする「民族浄化*」にあたるとして、国際問題にまで発展しました。２０１３年にスーダン政府と反政府勢力が停戦協定を

*アムネスティ報告書（２００４年9月17日付）より

***民族浄化**：英語ではエスニック・クレンジング。多数派の民族集団がほかの少数の民族集団を抑圧、根絶やしにする目的でおこなう行為。強制移住・隔離、大量虐殺、集団強かんなどがおこなわれる（第６章参照）。

結ぶまで約40万人が死亡し、虐殺から逃れるために400万人以上が故郷の村々を捨て、難民として隣の国などに身を寄せました。

なおスーダンでは2011年に住民投票を実施し、スーダンの南側にあたる部分が南スーダン共和国として新たに独立することが決定しました。現在はスーダン共和国と南スーダン共和国とに分かれています。

一般の住民、女性や子どもを巻き込んで、攻撃や爆撃がおこなわれた

「ある日、テレビを見ていた娘が私を見て叫んだ。『ママ、早く来て！ テレビにパパが映っている！』画面にはまさに、私の夫が殺されるシーンが映っていた。私はとっさに娘に覆いかぶさり、画面が娘に見えないようにしようとしたが、もはや手遅れだった……」*

「シリア政府軍と反政府軍との間で、戦闘は日に日に激しくなってきています。シリア政府軍は、普通の市民が住む住宅街までも攻撃の対象としているために、何の罪もない子どもも含めた市民の犠牲者が、増え続けているのです。攻撃は空からもおこなわれ、被害にあうのはほとんどが市民、さらに

*アムネスティ報告書（2013年3月14日付）より

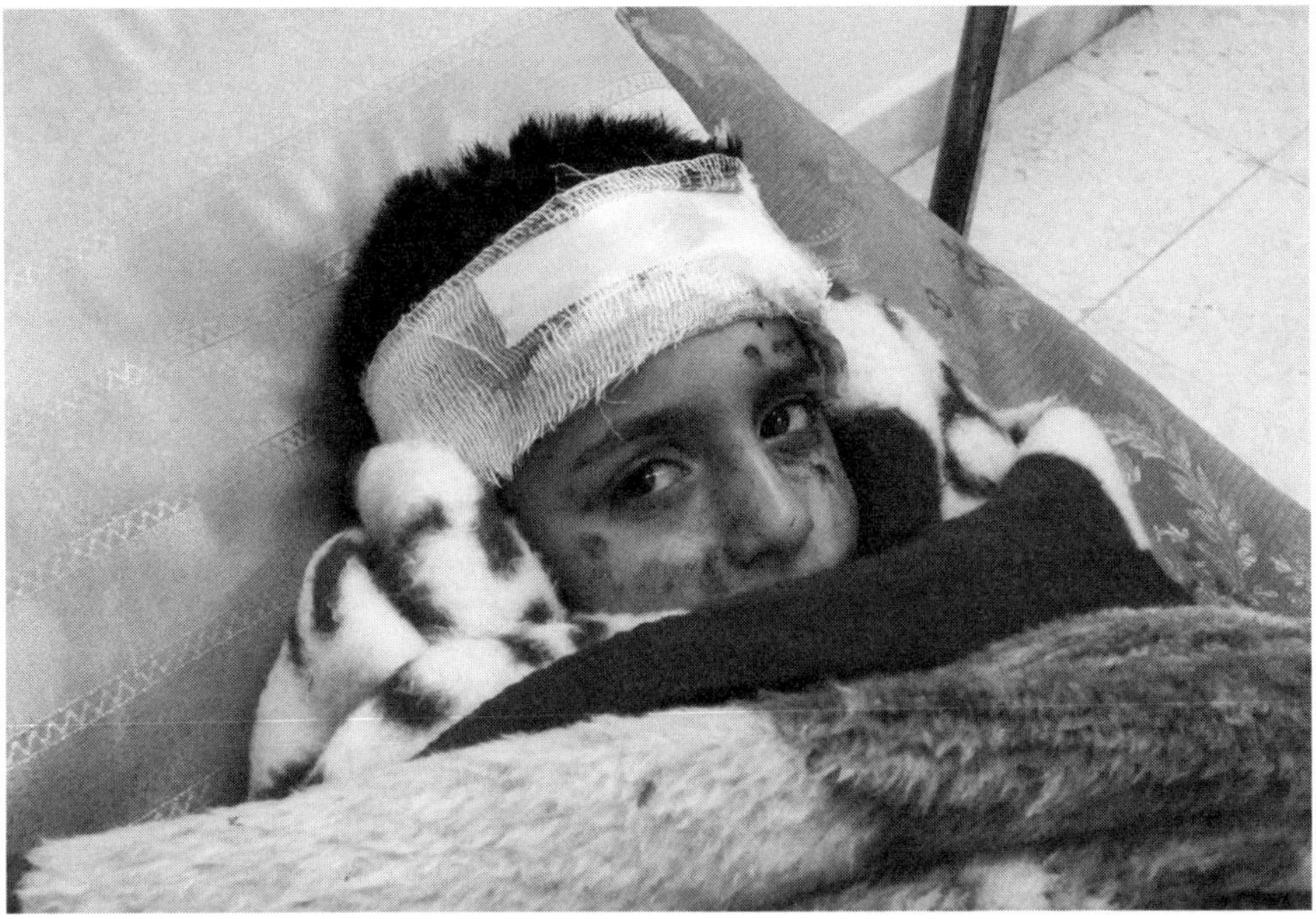

シリア・アレッポの町でクラスター爆弾により負傷したムスタファ・アリさん（6歳）。2013年。
©Amnesty International

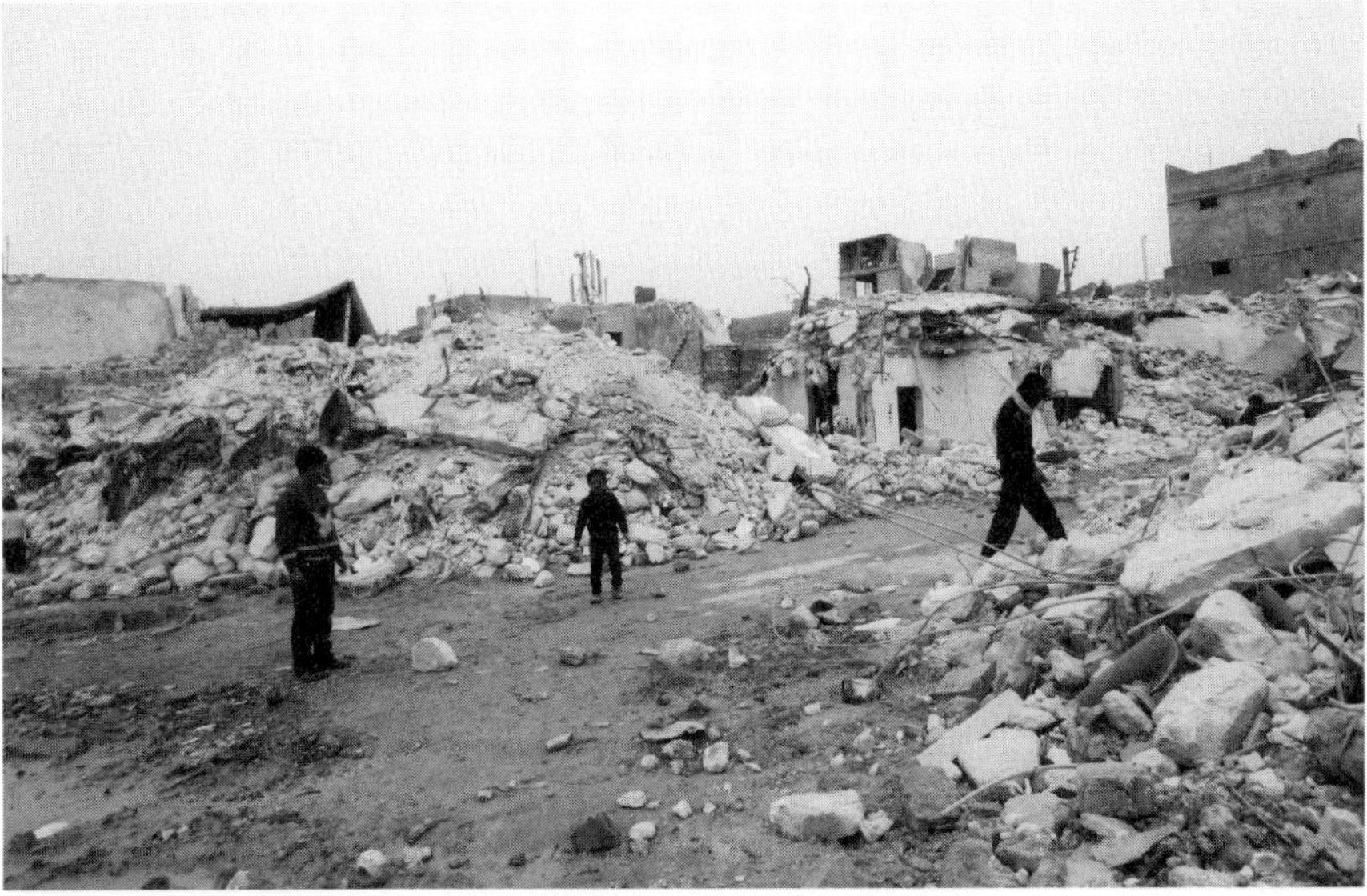

弾道ミサイルで破壊されたシリア・アレッポの町。2013年。
©Amnesty International

その多くが子どもたちです。彼らは、パンなどを買おうと、外に出たときに標的になってしまうのです。

この地域では、反政府勢力の兵士は見当たりませんでした。それなのにシリア政府軍はこの地域を無差別に攻撃したのです*」

「怒りの日」と呼ばれる2011年3月15日の全国的な暴動に始まったシリア政府軍と反政府勢力との戦闘は、シリアのアレッポ市内の制圧をめぐって激化しています。シリアの戦闘は、2011年1月にチュニジアで起きたジャスミン革命*の影響によりアラブ世界各地に広がった民主化運動「アラブの春*」と呼ばれるものの1つです。「アラブの春」の動きに触発され、政権に不満をもつ反体制派によるアサド大統領の退陣要求のデモが激化するも、それに応じない大統領が治安部隊をつかって反政府勢力への砲撃を続けた結果、多くの死傷者を出してしまい、現時点での死者は数万人にのぼるとされています。このような事態に対して国際社会が手をこまねいている間に、シリア政府軍と反政府勢力との戦闘が激化し、市民の犠牲者は増える一方という悲惨な状態になっています。

*アムネスティ報告書（2012年8月23日付）より

***ジャスミン革命**：2011年、北アフリカのイスラム国チュニジアで起こった民衆蜂起による政権交代。国を代表する花の名から「ジャスミン革命」と呼ばれる。

*「**アラブの春**」：ジャスミン革命を発端とし、2010年末から11年にかけて北アフリカと中東諸国で起こった一連の民主化運動のことをいう。1968年にチェコスロヴァキア（当時）で起こった「プラハの春」にならった命名とみられる。

おなじような悲劇は、世界中のあらゆるところで起こっています。２００４年４月、アメリカ合衆国（米国）の海兵隊がイラクのファルージャで開始した軍事作戦*は数日にわたって続き、戦闘では少なくとも６００人が死亡し、犠牲者の約半数は子どもを含む一般市民でした。

２００８年から09年にかけての、イスラエル軍によるパレスチナのガザ地区に対する大規模な空爆*により、８日間で４６１名のパレスチナ人が死亡、負傷者は２０００人以上にもなりました。イスラエルは当初、パレスチナのガザ地区を統治するハマスがイスラエルへロケットで攻撃したことに対する報復として空爆したと語っていましたが、イスラエルは学校や住宅街など、軍事作戦とは何の関係もない市民の生活の場をも無差別に攻撃しました。その結果、多数の死者や負傷者が出てしまったのです。

戦争中に女性が暴力の標的になる

「私は16歳のときに中国に連れていかれました（中略）女性の年齢は14歳から17歳で、一日に40人から50人の兵隊を取らされました（中略）そんな大

＊**イラク・ファルージャの軍事作戦**：２００４年の４月と11月、米軍がイラク・ファルージャの市街地を封鎖して展開した、大規模な掃討作戦のこと。この軍事作戦により、多くの市民が犠牲となった。

＊**イスラエル軍によるパレスチナのガザ地区に対する大規模な空爆**：２００８年12月、イスラエルがハマスによるロケット弾攻撃への報復として開始したガザ地区への大規模な空爆。パレスチナ人権センターの調査によれば、23日間にわたる空爆により、ガザ地区では１４３４人の死者が出た。

人数を相手にするのは不可能でしたから、いやだと言ったら殴られました。女性が言うことを聞かないと、彼らは女性を刃物で切りつけました。中には刺された人もいます。病気になって死んだ女性もいます。つらい経験でした。食事も十分ではありませんでしたし、睡眠時間も足りませんでした。自殺することさえできませんでした。本当に逃げ出したかった」＊

過去の戦争から現在起こっている紛争に至るまで、女性や子どもに対する強かんなどの性暴力は世界中でたくさんおこなわれてきました。闘っている相手側勢力の気持ちをくじき、その家族や地域社会を壊すために、あるいは自分たちの軍隊の兵士たちを「楽しませ」「励ます」ために、軍隊や武装勢力による性暴力が大規模に、そして戦争の下での制度としておこなわれ、多くの女性や子どもたちがその被害にあっているのです。これを戦時性暴力の問題といい、そのもっとも許しがたいケースの1つとして、第2次世界大戦での日本軍によるいわゆる「慰安婦」制度（日本軍性奴隷制）があります。

第2次世界大戦の戦前から戦中を通じて、アジア各国の20万にのぼる女性が日本軍によって性奴隷にされました。多くは20歳以下の女性で、中には12

＊日本軍性奴隷制の被害者イ・オクスンさんの証言、アムネスティ発表国際ニュース「日本：賠償を求める訴えに耳を傾けようとしない」、２００５年より

韓国の日本軍性奴隷制の被害女性の1人、ギル・ウォンオクさん。２００７年。
©Amnesty International

歳の少女もいました。日本軍は暴力を使ったり嘘を言ってだましたりして、成人や未成年の女性たちをアジア各地につくった「慰安所」に連行しました。

被害女性たちは日本軍によって狭い「慰安所」に閉じ込められ、数カ月または数年にわたって、くり返し強かんされたり殴られたりしました。これらの日本軍のおこないは、当時国際的に決められていた「奴隷制の禁止」というルールに違反する、重大な人権侵害でした。

戦後、この組織的な性暴力をおこなった日本軍の責任者は裁判で裁かれることはなく、この問題はうやむやにされていました。１９９０年代に入って、被害を受けた女性たちが声をあげ、日本政府に対し謝罪と賠償を求めています。しかし、いまも十分な謝罪や賠償は実現せず、性暴力の後遺症に苦しんでいます。

政府を批判していた人たちが突然連れ去られる

「(略) 娘は一九七四年八月十二日に行方不明にされました。この家で逮捕され、そのときは他の二人の娘も一緒にここにいて、夜の十時くらいでし

日本政府の謝罪と賠償を求めて、日本大使館前で訴えるフィリピンの日本軍性奴隷制の被害女性たち。２００５年。
©Amnesty International

た。普通の市民の格好をした男が二、三人来て、暴力は使いません、ええ、こんなふうに落ち着いて娘と話したいと、三十分ほど時間を下さいって言うんです。これが八月十二日に起きたことです。
もう一回言いますね。十時に起きたんです。それからは娘は二度と帰らなくなりました＊」

チリでは、民主的な選挙によって選ばれた政府が軍部によるクーデター＊で倒され、軍事政権が誕生しました。17年間にわたるピノチェト将軍の軍事政権下（１９７４年～90年）で国内に数百カ所にのぼる収容所がつくられ、１０００人以上が行方不明になり、処刑された人は２０００人、拷問を受けた被害者は40万人といわれています。行方不明になった人たちの多くは、その後監禁されたうえで拷問され、殺害されたと見られています。

「テロリスト」と呼ばれた人びとが拷問を受けている

「私は服を脱がされ全裸にされ、７月中ずっとそのままでした。数日間、

＊『チリの闇』中王子聖著（彩流社、２００５年）より

ビラ・グリマルディ（Villa Grimaldi）。チリの軍事政権時代に、拷問をおこなう収容所だった建物。軍事政権に連れ去られた多くの人びとが、ここで拷問され殺された。１９８０年。©Amnesty International

腕を頭の上にあげた状態で、手錠をかけられ、天井の金属の輪にチェーンでつながれたまま立たされました。医師が私の足を毎日診察し、腫れの状態を巻尺で測りました。正確に何日間立たせ続けられたのかわかりませんが、およそ10日間程度だったと思います。医師がついに床に座ることを許可しました。しかし、それでもなお、腕を頭の上になるように伸ばし続けさせられました。これは背中にひどい痛みをともないました。立たされている間、私はおむつをはかせられました。おむつが交換されないときは、さらにそのまま排尿・排便せざるをえませんでした。私は冷たい水で毎日洗われました。（中略）自分の房内で冷たい水で洗われると、私は尋問を受けました。一度、隣の房から、ある人が拷問を受けている音が聞こえたことがあります＊」

ワリド・ビン・アタシュさんは、２００１年の「米国同時多発攻撃」に関与した疑いで、２００３年パキスタンのカラチで拘束され失踪《そう》しました。その後、アフガニスタンへ移送され約３週間拘禁された後にポーランドへ移送されました。最終的にはキューバにある米国の軍事施設であるグアンタナモ基地に移送されました。

＊**クーデター**：迅速な襲撃で政府の実権を握る行為で、とくに軍を支配する権力者内部の少数グループが武力によって実権を握る行為を指す。

＊ワリド・ビン・アタシュさんのポーランドでの経験に関する証言。赤十字国際委員会「ＣＩＡ施設下にある14名の『最重要被拘禁者』の処遇に関する報告」33ページ（２００７年２月14日付）より

米国の諜報機関であるＣＩＡは東欧の国ぐにに秘密尋問施設をもっています。２００1年以降、米国政府が進める「テロとの闘い*」の一環として、米国政府が「テロリスト」であると疑った人を拘束し、他国の秘密尋問施設へ秘密裏に移送して、拷問などをともなう「尋問」を続けています。証言の事例以外にも、24時間大音響の下におく、適切な医療を受けさせない、運動の機会を与えないなどの取り扱いが報告されています。拘束されている人びとの中には、裁判も受けないまま長期間にわたり拘禁され続ける人も多く、人権を無視した扱いを受けています。

さて、これまでさまざまな事例を取り上げました。
この本では、このような事態が発生したとき、人びとの人権を守るためにどのようなとりくみができるか、そして二度とこのようなことが起きないようにするためにできること、新たに始まったしくみについて紹介していきます。
これから一緒にそのとりくみ・しくみを見ていきましょう。

***テロとの闘い**：米国同時多発攻撃（いわゆる9・11）以降、米国やそのほかの国ぐにが「テロ」を防ぐという名目で人びとを拉致し、拷問をおこなっている。このような人権侵害を「テロとの闘い」として正当化している。

第2章
重大な人権侵害に対する国際社会のとりくみ

第1章では、子ども兵士、大量虐殺、無差別攻撃、戦時性暴力、強制失踪、拷問などのケースを紹介しました。しかし、これらのケースはほんの一例にすぎません。

いまでも、世界各地の戦争や内戦、紛争下で虐殺や暴行、強かんの被害にあい、家や財産を奪われるなど一般市民が犠牲になっています。

こうした人権侵害をくい止め、その被害者の苦しみをいやすために私たちには何ができるのでしょうか。その1つの答えとして期待されているのが、この本で取り上げる国際機関である国際刑事裁判所（ICC）*なのです。国際刑事裁判所の紹介をする前にまず、第1章で紹介したような事態においてどのようなとりくみをおこなってきたのかを見ていきましょう。

重大な人権侵害に対して、これまで国際社会がおこなってきたとりくみは、大きく分けて5つあります。それは、真実委員会のとりくみ、犠牲者の追悼と加害者の謝罪、国内の裁判所で裁く、世界中の国ぐにの裁判所で裁く、国際的な刑事法廷で裁く、の5つです。

＊ICC＝International Criminal Court

人権侵害の実態を調べる「真実委員会」のとりくみ

第１のとりくみは、人権侵害の実態を調査する「真実委員会」（図表①）です。この真実委員会は人権侵害の真相を調査し、被害者の苦しみや痛みを社会が分かち合い、被害者や社会の回復を目指してつくられる委員会です。多くの国が独自に、あるいは国際連合（国連）の支援を受けて設置にとりくんできました。各国によって、「真相究明委員会」あるいは「真実和解委員会」ともいわれます。

真実委員会は、１９８０年代頃から世界各地で設置されるようになりました。紛争後の社会や軍事政権が倒れた国で、被害者の証言を集め過去の人権侵害の真実を明らかにし、その事実を公表して社会全体で分かち合う役割をもっています。

たとえばアルゼンチン＊やチリでは、真実委員会の活動によって軍事政権がおこなった強制失踪、拷問、殺害といった人権侵害がかなり明らかにされました。アルゼンチンでは、委員会が発表した報告書が出版されベストセラーになっています。チリでは、報告書の全文が新聞に掲載されました。

図表①　世界の主な真実委員会

国名	委員会の名前	活動時期
アルゼンチン	行方不明者調査委員会	1983 年～ 1984 年
チリ	真実和解委員会	1990 年～ 1991 年
エルサルバドル	エルサルバドル真実委員会	1992 年～ 1993 年
南アフリカ	真実和解委員会	1995 年～ 2000 年
グアテマラ	史実究明委員会	1997 年～ 1999 年
東ティモール	受容真実和解委員会	2002 年～ 2005 年
シエラレオネ	真実和解委員会	2002 年～ 2004 年

※このほか、世界各地で 20 を超える真実委員会のとりくみが存在する。

＊出典：『語りえぬ真実　真実委員会の挑戦』プリシラ・B・ヘイナー著、阿部利洋訳（平凡社、2006 年）の付録「表 1　二一の真実委員会」　作成者：国際人権法チーム

＊**アルゼンチン**：チリの隣国である南米の大国。１９７６年に起こった軍事クーデターから83年に軍事政権が倒れるまでの7年間で、約3万人の人びとが軍事政権に連れ去られ行方不明となった。軍事政権に反対して行動した学生や市民、宗教者や労働者の多くが犠牲になった。しかし、息子や娘、孫などを奪われた女性たちが、連れ去られた家族の生還と責任者の裁きを求めて立ち上がり、大統領官邸の前にある「5月広場」という場所で「沈黙の行進」をおこなったことがきっかけとなり、１９８３年に軍事政権が倒されて民主主義が回復された。

グアテマラ＊では、国連が協力して、真実を明らかにするための委員会が設置されました。この委員会は、大量虐殺の事実を調査し、１９９９年に詳しい報告書を発表しました。沈黙を強いられてきた虐殺の事実が社会全体に知らされ、報告書を発表する式典には数千人の人びとが詰めかけました。

これらの委員会がまとめた報告書には、被害者の傷をいやすためにどのような対策が必要なのか、人権侵害をくり返さないためにどのような社会に変えていくかなどについての具体的な勧告も書かれていました。

ただ、こうしたとりくみに対しては、人権侵害をおこなった政府や軍人が自らの犯罪を否定し、その証拠を隠してしまうことも少なくありません。チリやアルゼンチンの軍事政権は、自分たちが市民を拉致《らち》して拷問し殺したことを否定しました。彼らは「強制失踪など起こっていないのだ」と主張したのです。

チリなどとおなじように、軍事政権が人びとを虐殺した中米のグアテマラでは、虐殺の事実を語ることが禁止され、人びとは政府軍から沈黙するよう脅されました。そして、真相究明の活動にとりくんだ市民が暗殺される事件が起こりました。真実を明らかにすることは、加害者による妨害との闘いで

＊グアテマラ：北米と南米をつなぐ細い付け根の位置にある国。グアテマラでは、１９５０年代に民主的に選ばれた政府が、米軍の支援を受けた軍部のクーデターで倒された。軍事政権に対するさまざまな反政府勢力が生まれ、１９６１年から96年まで36年間にわたって内戦が続いた。軍部は、この内戦の中で、人工の60％を占めるマヤの先住民族に対する無差別虐殺をおこなった。国連の推計では、この内戦で、６２４のマヤの村々が破壊され、死者・行方不明者は20万人以上、国内避難民１５０万人、国外へ逃れた難民は15万人以上にのぼった。犠牲者の83％がマヤの人びとであり、先住民族に対する人種差別が虐殺の背景にあると指摘されている。

軍事政権による虐殺の犠牲者を追悼するろうそくに火を灯す、虐殺を免れたグアテマラの生存者。2000 年。©Amnesty International

アルゼンチンの 5 月広場で抗議をする女性たち。1996 年。©Amnesty International

もあります。

被害者の苦しみ・痛みを社会が認め、つぐなうこと

第2のとりくみは、被害者の傷をいやすため真実を明らかにしていくと同時に、被害者の苦しみや痛みを社会が認め、分かち合うことです。

具体的には、真実委員会が明らかにした事実に基づいて、亡くなった犠牲者を追悼し、加害者が被害者に謝罪すること、人権侵害の事実を記録として保存すること、そうした記録を広く社会に知らせていくこと、二度とそのような事態が起こらないように社会を改革すること（再発防止）、被害者や家族へのつぐないや支援などといったさまざまなとりくみがあげられます。

たとえばチリやアルゼンチンなどでは、被害者やその家族に対して、経済的なつぐないだけでなく医療支援がおこなわれたり、人権侵害があったことを忘れないための「記念碑」がつくられたり、再発防止のために政府や裁判所の改革などがおこなわれたりしています。

軍事政権に連れ去られ殺された人びとをいたみ、チリの首都サンティアゴの中央墓地に建設された記念碑。１９９６年。
©Amnesty International

各国国内の裁判所で、加害者を公正に裁く

第3のとりくみは、大規模な人権侵害を構成する一つひとつの事件を、各国の裁判所で裁くことです。チリやアルゼンチンでいまもおこなわれている、軍事政権時代の大統領や軍の司令官、部隊の責任者などを国内の裁判所で裁くとりくみがその例です。しかし、1つの国の中で加害者をきちんと裁くには、多くの困難や限界があります。

たとえば、実務的な問題があります。国家や武装勢力による大規模な人権侵害事件では、とてもたくさんの人びとが被害を受けており、裁くべき事件も膨大な数になって、一国の裁判所では裁ききれないことがあります。結果的に、ほんのわずかの事件だけが裁かれ、多くの事件は裁かれないまま放置されるという状況になることもあります。

また、裁判官や弁護士などが紛争下で虐殺されたり外国に亡命したりしたために、裁判所がすぐに動けないばあいもあります。ほかにも、政府が紛争の一方の当事者であるために、裁判所が政府の影響を受けて公正な裁判が望めないこともあります。

公正な裁判の前に立ちはだかる免責《めんせき》という壁

公正な裁判を実現するうえで壁となっている、とくに大きな問題として、免責があります。免責とは漢字のとおり「責任を問われるのを免《まぬが》れる」という意味ですが、一般に、国家を統治する立場にある人、とくに大統領や首相、国会議員、政府高官などは、その地位にいる間は裁判にかけられないというルールのことです。

たとえばチリのピノチェト大統領*は、大統領の地位を去った後も国会議員の地位にとどまり、免責のルールを利用して裁判から逃れようとしました。またアルゼンチンの軍事政権では、過去のできごとがあばかれることを恐れて、「軍政時代に起きたことはすべて水に流そう」という「恩赦法*」がつくられました。

しかし近年、この免責という壁に対して、重大な人権侵害の責任者には免責を認めないという国際的なルールができてきました。具体的には、大量虐殺などの重大な人権侵害の加害者は、どんなに高い地位についていても裁かれなければならないというものです。また、「恩赦法」のように国内の法律

*ピノチェト大統領（1915〜2006）：チリの軍人、政治家。1973年に軍事クーデターでアジェンデ人民連合政権を打倒して実権を握る。1974年、大統領に就任。基本的人権を大幅に制限する一方で大統領の権限を強化し、独裁体制を固めた。

Good News ©Foto_blog

*恩赦法：軍政時代の人権侵害についてその加害者を裁かないことを定めた法律。そのほか、裁判で下された有罪判決を減刑したり消滅させたりする法律を指すこともある。

で加害者の罪を問わないと決めても、国際社会はそうした法律を認めず、協力して加害者を裁こうとします。

こうした国際社会のルールは完全に実現されているわけではありませんが、つぎに述べる臨時の国際刑事法廷や、国際刑事裁判所において取り入れられてきています。またアルゼンチンのように、こうしたルールの影響を受けて、国内の「恩赦法」を無効にした国もあります。

国外へ逃亡した責任者を処罰できるか？

免責のほかに公正な裁判を阻む問題として、加害者が事件後にその国から逃亡し、外国政府の保護を受けてしまうというケースもあります。外国にかくまわれている人物を捕まえて自国の裁判にかけることはなかなか困難なことです。

少し専門的な話になりますが、国家と国家の間では一般に、国境を超えてほかの国のことには干渉できない、干渉しないという国際法上の原則があります。これを「内政不干渉の原則」と呼んでいます。

裁判に関していえば、事件をどこの国の裁判所が扱うのかという問題が発生します。これを管轄権《かんかつけん》といいます。A国人がA国内でおなじA国人に対して事件を起こしたばあい、基本的にはA国内だけで裁判がおこなわれます。しかし、このA国人がB国に逃亡してしまったばあい、B国がA国人を逮捕してB国の裁判にかけることはできないという原則があります。B国がA国人を保護したりすれば、なおのこと裁判にかけることが困難になります（図表②）。

普遍的管轄権という新しい考え方

第4のとりくみは、「普遍的管轄権」です。

罪を犯しても保護してくれる国があれば裁判にかけられないで済むというのは、あまりにも不合理です。たくさんの人びとを虐殺したり、それを命令した独裁者や政治家、軍人が、外国に逃げてしまえば罪を問われないというのは、やはり問題です。

そこで、第1章で見たような拷問や無差別虐殺などの「重大な人権侵害」

図表②　裁判に関する管轄権〜国外逃亡の場合

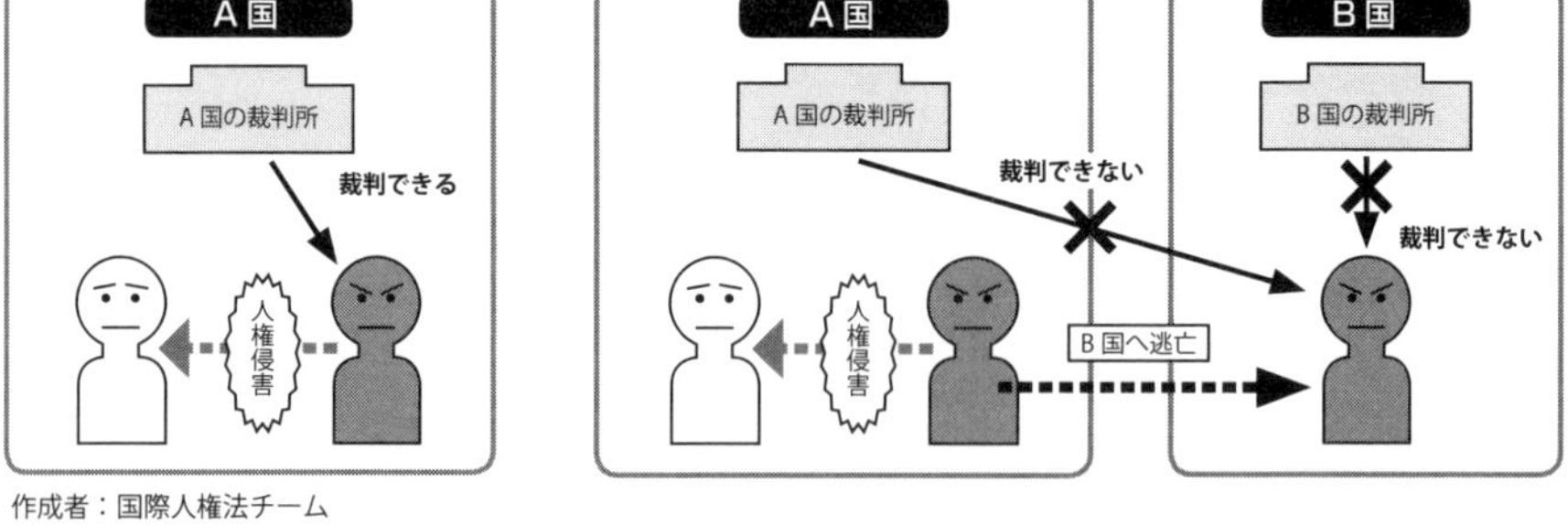

作成者：国際人権法チーム

については、どこの国で起こったのかに関係なく、国境を超えて世界中どの国の裁判所でも裁くことができることにしようという新しい考え方が生まれてきています。これを「普遍的管轄権」と呼んでいます。たとえばベルギーでは、ルワンダで虐殺*をおこなったルワンダ人を、2001年にベルギーの裁判所で裁いています。

また近年では、自国に亡命した「重大な人権侵害」の容疑者を逮捕して、裁こうという意思のある国に引き渡すケースがあらわれるようになってきました。たとえば、ペルーで人権侵害の責任者として訴えられていたフジモリ元ペルー大統領*は、ペルーでの逮捕を免れるため日本に逃亡しましたが、2005年にチリに入国した際、チリ政府によって逮捕されペルーに引き渡されました。これは、容疑者の身柄の引き渡しを求める国際社会の要請にチリ政府がこたえたものです。その後、フジモリ元大統領はペルーの裁判所において人権侵害の責任を裁かれ、現在ペルー国内の刑務所で服役しています。

ただし、こうした「普遍的管轄権」の考え方は、先ほど紹介した「内政不干渉」という基本原則と相いれない考え方ですから、保守的な国ぐにの強い

***ルワンダ虐殺**：80ページ参照。

***フジモリ元ペルー大統領**：本名アルベルト・フジモリ。1990年～2000年に在職。ペルーでは、フジモリ政権下で、「テロ対策」の名の下に軍の秘密部隊による「強制失踪」や拷問、虐殺がおこなわれ、多くの市民が犠牲になった。フジモリ氏は、8歳の子どもを含む15人の市民が秘密部隊によって虐殺されたバリオス・アルトス事件など、複数の人権侵害の責任を問われ、2009年に有罪判決を受けた。

フジモリ氏を逮捕したチリ政府に対し、彼を裁くためにペルー政府に引き渡すよう訴えるアムネスティ・ペルー支部のメンバーたち。2007年。©Amnesty International

反対を受けていて、まだ採用している国が多くないのが現状です。

臨時の国際刑事法廷で加害者を裁く

ここまで見てきたように、各国の裁判所だけで大規模な人権侵害の加害者を裁くことには、さまざまな困難があります。そこで国連などが中心となって、国際的な裁判所で加害者を裁くとりくみが出てきました。それが、国連が中心になった臨時の「国際刑事法廷」や「特別法廷」といった第5のとりくみです。

臨時の国際刑事法廷は常設ではなく、特定の紛争・人権侵害だけに限定した国際法廷ですが、これまでに２つの国際法廷「旧ユーゴスラビア国際刑事法廷（ＩＣＴＹ）*」「ルワンダ国際刑事法廷（ＩＣＴＲ）*」を開廷しています。

「特別法廷」は、国連と事件があった国とが合同で開廷する裁判所で、その国の中でその事件に限定した裁判をおこないます。たとえば、「カンボジア特別法廷」もその１つです。カンボジアでは１９７０年代にポルポト*が独裁政権をつくり、知識人や技術者、反政府とみなした人びと１００万人以上

*旧ユーゴスラビア国際刑事法廷（ICTY）：１９９３年開設。77ページ参照。

*ルワンダ国際刑事法廷（ICTR）：１９９４年開設。81ページ参照。

*ポルポト（１９２５年〜98年）：本名サロット・サル。民主カンプチア首相、クメール・ルージュ（カンボジア共産党）書記長。膨大な数のカンボジア人を殺戮《さつりく》した。

を虐殺したといわれています。２００６年に、国連とカンボジア政府は、ポルポト政権での虐殺の責任者を裁くため、共同で「カンボジア特別法廷」を設置しました。２０１０年には、人びとを虐殺した収容所の責任者に有罪判決が出ています。

また、こうした特別法廷のとりくみとしては、そのほかにも、アフリカのシエラレオネの「シエラレオネ特別法廷」があります。この法廷では、１９９１年から２００２年まで続いたシエラレオネの内戦の中でも、とくに96年以降に起きた人権侵害を裁いています。シエラレオネの隣国リベリアの大統領だったチャールズ・テイラーは、この内戦に自分の軍隊を送り、多くの残虐な行為に関わったとして、この特別法廷で有罪判決を受けました。

常設の国際的な裁判所で、加害者を公正に裁く

ここまで見てきたように、人権侵害の被害者を救済するためには真実を明らかにし、その被害の苦しみを社会全体で分かち合い、加害者の責任を明らかにして被害者への補償や支援を通じてその傷をいやすといったさまざまな

とりくみが必要で、そのどれも欠かすことのできないものです。そのために国際社会では、真実委員会や臨時の国際法廷のようなとりくみをおこなってきました。しかし、こうした国際社会のとりくみは、まだまだ十分ではありません。

そこで国際社会は、世界中のどこでだれがおこなった人権侵害であっても、公正な裁判をおこなって加害者の責任を明らかにし、被害者への補償をできるように、常設の国際的な裁判所をつくりました。それが、国際刑事裁判所です。

国際刑事裁判所は２００２年にオランダのハーグにつくられ、誕生から10年以上が経ちました。さまざまな人権侵害の事件について、責任者を裁くとりくみをおこなっています。人権侵害をくい止め、その被害者の苦しみをいやすために、この裁判所が具体的にどのような力をもち、どのようなとりくみをしているのかについては、この本の第7章以降で紹介します。

オランダ・ハーグにある国際刑事裁判所。２００６年。©Amnesty International

第3章
国際社会は戦争を防ごうとした

そもそも人類は、戦争や紛争などが引き起こす重大な人権侵害について、どのように考え、また、その責任者をどのように裁いてきたのでしょうか。

「正しい戦争」と「まちがった戦争」

戦争に関する国際的なルールである条約や文書は、42ページの図表③のように、戦争中のルールと処罰についての条約、戦争の違法化についての条約、人権についての条約に分けられます。

国際社会は戦争について、できれば禁止（違法化）しよう、再発を防ごう、それでも戦争が起こってしまったばあいには戦争中の犯罪について裁けるようにしようと考えてきました。

古代から戦争は、国と国とのもめごとを解決する最終的な手段としてつかわれてきました。中世では、正当な理由をもっておこなう戦争は「正しい戦争」だと考えられていました。これを「正戦」と呼んでいました（正戦論—①）。

しかし、その戦争の目的が正しいものであるかどうかを、第三者や何らかの法が客観的に判定できません。戦争を仕掛ける側が相手を非難して攻撃するために「自分が正しい」と勝手に主張しているのにすぎません。

戦争のルールづくり

その後、国の支配体制がだんだん整ってくると、戦争をする権限は国王＝国家に属するものだと考えられるようになりました。しかし、戦争の規模や被害者の数がしだいに大きくなるにつれて、戦争を国家の権限とする考え方に対して疑問が投げかけられるようになります。

18世紀の半ば頃からヨーロッパで始まった産業革命により、化学工業や機械工業が発展し、兵器の破壊力が格段に強力になり、戦争の被害がよりいっそう大きくなっていきます。国際社会は、無益に自国の一般市民が殺され国土が破壊されることを防ぐために、国家間で「戦争のルールづくり」をする必要を感じるようになったのです。

たとえば、1864年には捕虜や一般市民などの保護に関する「赤十字条約」*—②がつくられます。また1899年、26カ国が参加した「第1回ハーグ平和会議」が開催され、毒ガスの使用禁止や非戦闘員の保護、捕虜の待遇

＊赤十字条約：戦時の傷病兵、捕虜、抑留者などの保護を目的としてジュネーブで結ばれた諸条約の総称。ジュネーブ条約ともいう（世界大百科事典第2版）。

【凡例】

名称／つくられた時期・事態の期間

→：直接的影響

- - - →：間接的影響

■：「侵略の罪」の定義が定められたが、責任者の訴追は今後の課題となっている

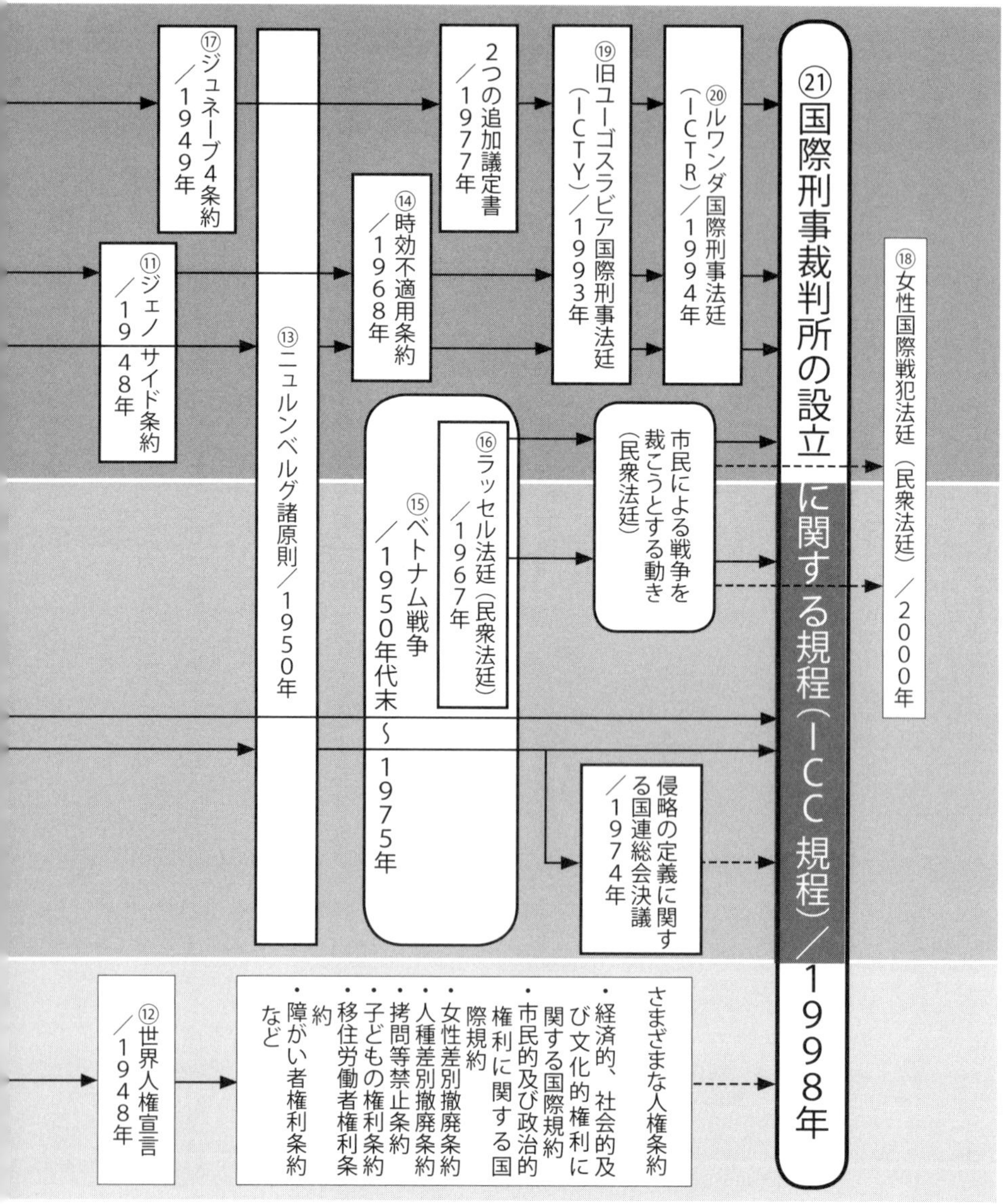

図表③　国際刑事裁判所設立に至るまでの戦争に対する国際社会のとりくみ

＊図表内の番号のついたとりくみは、第３章から第６章にかけて説明する。

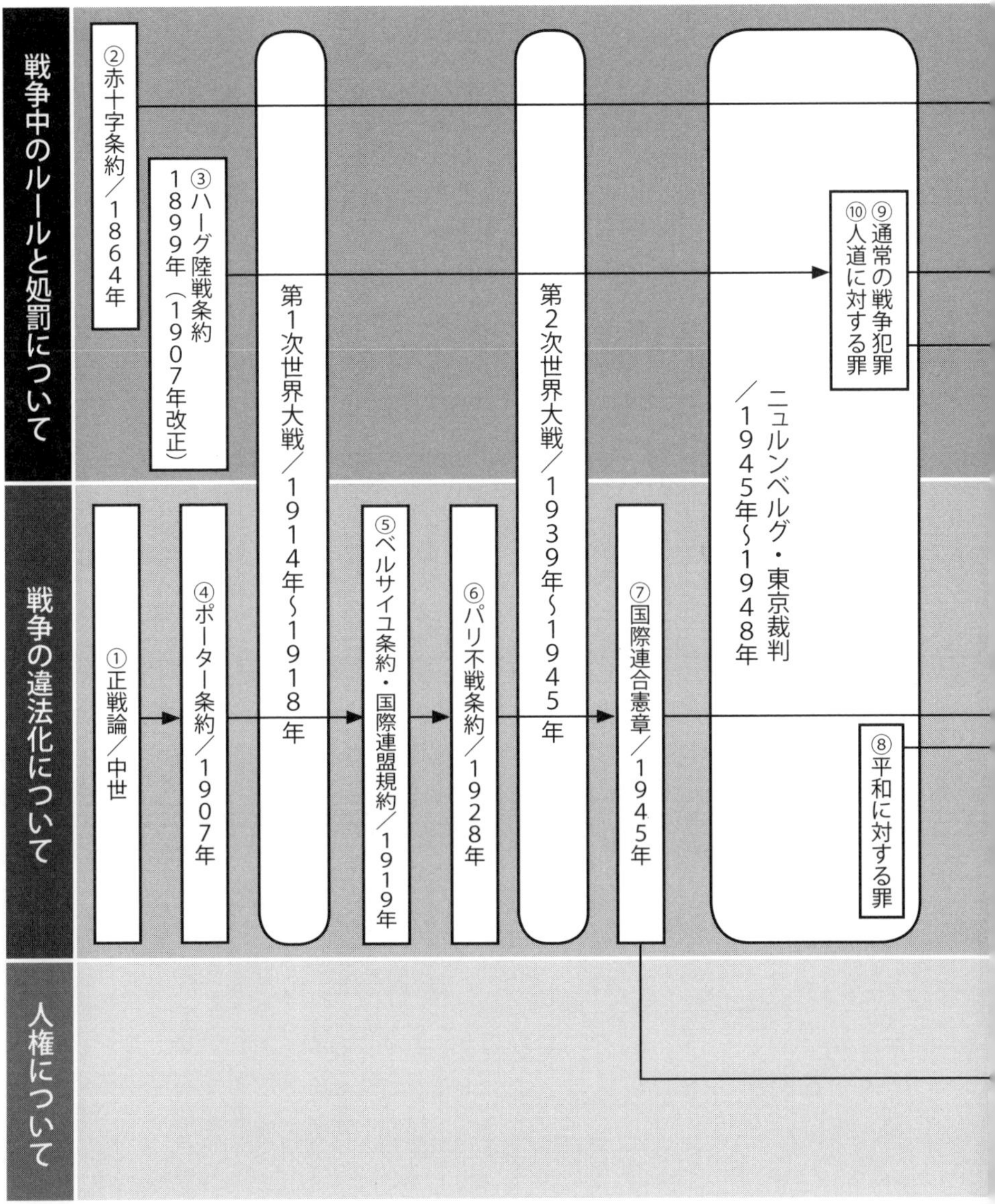

作成者：国際人権法チーム

などのルールを定めた「ハーグ陸戦条約*」──③が締結されます。戦争自体を制限することはできないとしても、戦争の仕方を制限しようとしたのです。その後、部分的にではあるものの、戦争それ自体を制限する試み（「ポーター条約*」──④）もありました。しかし、この条約から7年後の1914年、人類初の世界大戦が勃発します。

第1次世界大戦の後始末

20世紀に入ってすぐ、人類は第1次世界大戦（1914年～18年）を体験します。英国、フランス、ロシアなどの国ぐにと、ドイツ、オーストリア=ハンガリー帝国などが2つの陣営に分かれて戦ったこの大戦では、約850万人が戦死し、多くの市民が被害を受けました。この惨劇をくぐり抜けた国際社会は、平和を維持することが国際社会全体の利益だと考えるようになりました。

そこでまず、戦争を起こした国や、その責任者の追及を始めました。第1次世界大戦は1919年にパリ講和会議によって終結しますが、この会議で

*ハーグ陸戦条約：108ページ参照。

*ポーター条約：正式名称「契約上の債務回収のためにする兵力の使用の制限に関する条約」。1907年に「第2回ハーグ平和会議」が44カ国の参加の下、開催された。この国際会議で、他国などから借金を取り立てるために戦争をするのはやめようという国際条約として採択された。

「ベルサイユ条約」―⑤が調印されます。「ベルサイユ条約」の第227条には、「連合国は国際的道義及び諸条約の崇高なる義務に最高度の侵害を犯したことにより、前ドイツ皇帝ヴィルヘルム2世を公式に訴追する」と明記されました。戦争をおこなった「指導者（個人）の責任*」が問われたのです。戦争遂行に対する「指導者（個人）の責任」が問われたのはこの条約がはじめてで、以後の国際裁判へ大きな影響を及ぼしました。

人類初の国際平和機関

さらに第1次世界大戦後の国際社会は、戦争を部分的にではなく、全面的に制限する方向に第一歩を踏み出します。その具体化が「国際連盟」という人類初の世界的な国際組織でした。1920年に設立された国際連盟は、米国大統領ウィルソンの「14カ条の平和原則」によって提唱され、60カ国以上が加盟しました。

「国際連盟憲章」は、加盟国が国際的協力を推進し、平和と安全保障を達成するため、「戦争による解決をおこなわないこと、諸国間に公開された正

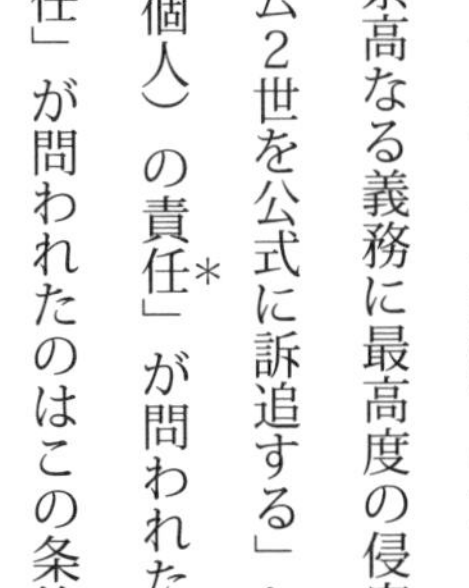

ベルサイユ条約。© Ashwin Kumar

＊**指導者の責任**：ドイツ皇帝ヴィルヘルム2世を、国際道義に反した罪で、国際裁判にかけることが決定された。しかし、亡命先のオランダが引き渡しを拒んだため裁判はおこなわれなかった。

当な名誉ある関係を樹立すること」を宣言し、戦争それ自体を制限する理念を打ち出しました。また、国際社会が軍縮の方向に向かうべきことを提示しました。

ただし、国際連盟は加盟国の「全会一致」を決定の原則としていたことから、各国の政治的な駆け引きの舞台となりました。「国際連盟規約」に違反した行動に対しても経済制裁が主で軍事的な強制力をもたなかったことなどから、現実の紛争を抑止するのに十分な力量をもっていませんでした。

不戦条約の誕生

この「国際連盟規約」の不十分さを補うかたちで、戦争それ自体を全面的に制限するために、1928年「パリ不戦条約」—⑥（「戦争放棄に関する条約」）が締結されました。米国、フランス、英国、ドイツ、イタリア、日本などの第1次世界大戦後の列強諸国、ソビエト社会主義共和国連邦（ソ連）など60カ国が参加しました。

「国際紛争解決のため戦争に訴えない」「国家の政策の手段としての戦争を

パレ・デ・ナシオン（元国際連盟本部・スイス）。写真提供：松浦亮輔

放棄する」ことを各国の国民の名によって厳粛に宣言した「パリ不戦条約」は、戦争を放棄するための具体的な手段を示していなかったことや、違法な戦争をした国を処罰できないなど、戦争を全面的に制限するのには不十分でした。

実際、国際連盟も「パリ不戦条約」も、たとえば日本が起こした「満州事変*」の拡大を止めるまでの実効性をもちませんでした。国際連盟は、「満州事変は日本軍の中国（中華民国）に対する侵略行為」だと認定して日本に非難決議を突きつけましたが、具体的に日本の行動を止める手段をもっていませんでした。

日本は国際社会の意思に従わず、国際連盟を脱退してしまいました。その後、ドイツ、イタリアもまた国際連盟から脱退してしまいます。この３国が第２次世界大戦の一方の主役になっていきます。

＊**満州事変**：１９３１年9月、日本軍による軍事行動が原因で起こった日本と中国との間の紛争。満州に駐留していた日本軍（関東軍）はわずか5カ月の間に満州全土を武力制圧した。

第4章
国際社会はドイツ・日本の重大な人権侵害をどう裁いたか

５０００万人が殺された第２次世界大戦

戦争を全般的に制限することができないまま、第１次世界大戦からわずか21年後、１９３９年のドイツ軍のポーランド侵攻をきっかけに第２次世界大戦が勃発しました。第２次世界大戦は「連合国」（米国、英国、ソ連など約50カ国）と「枢軸国」（日本、イタリア、ドイツなど約９カ国）の２大陣営に分かれ、地球規模の大戦争になりました。

両陣営から約１億１０００万人が戦争に動員されたといわれていますが、２６００万人以上の一般市民を含め、第１次世界大戦の約６倍にあたる約５０００万人が戦死したとされています。これは核兵器をはじめ、殺傷能力の高い大量破壊兵器*が登場したためです。

国際社会は第１次世界大戦で得た「不戦の理念」を実現することができず、大量破壊兵器の使用を禁止する有効な国際条約をもっていなかったため、膨大な数の死者を生み出してしまいました。

第２次世界大戦は６年間続き、連合国の勝利で終わります。主戦場になったヨーロッパ、アジアの都市や農村は潰滅的な打撃を受けました。その焼け

＊**大量破壊兵器**：敵の戦闘員だけでなく無差別・大量に殺傷する能力をもつ兵器の総称。ＡＢＣ兵器がその代表で、Ａは核兵器、Ｂは生物兵器、Ｃは化学兵器を指す。

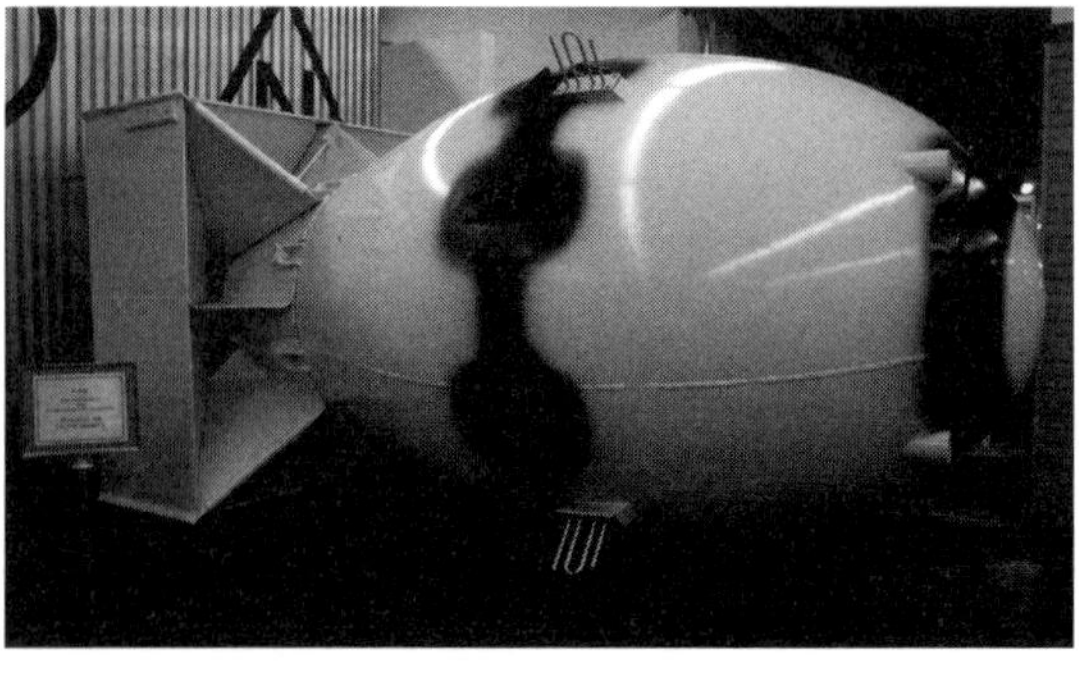

長崎に投下された原子爆弾のレプリカ
©Marshall Astor

跡の中から、国際社会は今度こそ戦争のない社会を実現しようと戦後世界をスタートさせます。

世界は戦争の違法化を願った

第２次世界大戦を体験した人びとが希望したのは、戦争それ自体の全面的な禁止（違法化）をさらに進めることでした。国際社会で戦争を全面的に違法化するためには、戦争に対する国際的規制や国際連盟の見直しが必要になりました。

戦勝国であった米国、英国、中国、ソ連の代表が国際連盟に代わる新しい世界的な機関の設立を目指す「国際連合憲章（国連憲章）」―⑦の原案をつくり、１９４５年10月、国連が設立されました。設立当初の加盟国は51カ国*でした。

国連憲章は、その前文*及び第１条*で、国際社会の基本的な原則として、国際的な紛争は平和的な手段によって解決することを宣言し、武力をつかって紛争を解決することを原則禁止*しています。そしてこの原則が破られないよ

*国連加盟国：２０１４年１月現在、１９３カ国が加盟している。

*国連憲章前文：「国際の平和及び安全を維持するためにわれらの力を合わせ、共同の利益のばあいを除く外は武力を用いない」。

*国連憲章第１条：「平和に対する脅威の防止及び除去と侵略行為そのほかの平和の破壊の鎮圧とのため有効な集団的措置をとること並びに平和を破壊するに至る虞のある国際的の紛争又は事態の調整又は解決を平和的手段によって且つ正義及び国際法の原則に従って実現する」。

*武力行使の原則禁止：ただし、「集団的自衛権」の行使という例外規定が国連憲章51条にある。同盟国が侵害された際、安全保障理事会が有効な措置をとるまでの間にかぎり、それを排除するために集団的自衛としての武力の行使が容認されるとしている。

ニューヨークにある国際連合本部。２０１３年。© Amnesty International

うに、その原則を破った国に対してさまざまな制裁を加えられるようにしました。

2つの国際軍事裁判で3つの国際犯罪が裁かれた

戦争が終わるとまず、第1次世界大戦のときよりもさらにきびしく、戦争を進めた国の指導者の責任追及が開始されました。連合国によって布告された「国際軍事裁判所条例」及び「極東国際軍事裁判所条例」によって、ドイツについては「ニュルンベルグ国際軍事裁判所」（ニュルンベルグ裁判*）が、日本については「極東国際軍事裁判所」（東京裁判*）が設置され重大な人権侵害が裁かれました。

これらの法廷は日本などの国内の裁判所ではなく、特定の国に属さない新たにつくられた国際法廷です。この2つの国際軍事法廷は「戦争に関する個人の責任」を追及し、重大な人権侵害の加害者を裁くためにつくられました。

この2つの国際軍事法廷で注目すべきは、3つの国際犯罪を定めて戦争行為を裁いたことにあります。3つの国際犯罪とは、「平和に対する罪」（A級

＊ニュルンベルグ国際軍事裁判所（ニュルンベルグ裁判）：1945年開廷～46年判決。

＊極東国際軍事裁判所（東京裁判）：1946年開廷～48年判決。「平和に対する罪」（A級戦犯）の法廷は東京で開廷された。

戦犯）、「通常の戦争犯罪」*（Ｂ級戦犯）、「人道に対する罪」*（Ｃ級戦犯）でした。なお、Ａ級、Ｂ級、Ｃ級とは罪の重さを示すものではなく、犯罪の種類を示すものです。

●「平和に対する罪」——⑧

「平和に対する罪」は、国際社会のルール（国際法）に違反して他国に対する戦争の計画に参加し、準備や実行に関わった国家の指導者たちを国際犯罪の加害者とするものです。国家としておこなった戦争であっても、それを担った戦争指導者層を「個人に責任がある」として追及したわけです。

●「通常の戦争犯罪」——⑨

ここでいう「通常の戦争犯罪」という意味は、これまでの戦争のルール*として国際的に禁止されていた行為に対する違反をいいます。たとえば、占領地での民間人の殺害、虐待、奴隷労働、捕虜の殺害や虐待、人質の殺害、財産の略奪、家屋の破壊などが含まれます。

●「人道に対する罪」——⑩

「人道に対する罪」とは、戦争前あるいは戦争中に民間人に対しておこなわれた殺害、絶滅させる行為、奴隷化、強制連行、そのほかの非人道的行為

*__通常の戦争犯罪・人道に対する罪__（Ｂ・Ｃ級戦犯）：連合国軍最高司令官総司令部（ＧＨＱ）によって世界49カ所の軍事法廷で裁かれ、約１０００人が死刑判決を受けたといわれている。

*__これまでの戦争のルール__：「赤十字条約」（１８６４年）、「ハーグ陸戦条約」（１８９９年につくられ１９０７年改正）などで、捕虜・傷病者の扱い、毒ガスなどの兵器の使用制限や戦闘方法の制限などが規定されている。

や政治的、人種的または宗教的理由に基づく迫害行為を指します。

「平和に対する罪」「人道に対する罪」という考え方が採用された

第2次世界大戦におけるドイツと日本の重大な人権侵害を裁くために採用された「平和に対する罪」「人道に対する罪」は、新たな国際犯罪の考え方でした。これらが採用されたのには、それまでの国際社会にはなかった背景があります。

●「平和に対する罪」

第1次世界大戦の戦後処理と同様に、第2次世界大戦についても戦争を遂行した責任者を裁こうという試みがなされました。それまで戦争責任を個人に対して追及するということは、ほとんどおこなわれてきませんでした。しかし、従来の戦争とはくらべ物にならないほどの惨禍を残した大規模な戦争であったため、戦勝国である連合国は、この戦争に深く関わった個人を裁こうと考えました。

●「人道に対する罪」

「人道に対する罪」にあたる行為は、民間人に対する殺人や奴隷化、拷問など一見これまでの「通常の戦争犯罪」と似ているように見えます（112ページ参照）。しかし、「通常の戦争犯罪」がすでにあってもあえて「人道に対する罪」が適用された理由が大きく分けて2つあります。

1つめは、民間人に対しておこなわれたドイツ・日本の加害行為がきわめて深刻で重大なもので、被害者の範囲も被害者の数もこれまでにないほど大きなものだったからです。

ユダヤ人への迫害・絶滅を目的としたホロコーストは、民族、宗教、人類に対する犯罪というべきものでした。また南京大虐殺*や三光作戦*などによってアジア各地で多数の犠牲者を出した日本軍の人権侵害は、個々の兵士の民間人に対する暴行や略奪、殺人といった、いわば偶発的な個人的犯罪行為を超えた集団的・計画的なものでした。

しかし、このような大規模かつ重大な人権侵害を国際社会が裁くことはそれまで想定されていなかったのです。このような犯罪について、それを計画した指導者たちや計画の実行に関わった人びとの責任を裁くためには、それまでの国際犯罪とは異なる新しいルールが必要となりました。

＊**南京大虐殺**：1937年、日中戦争において、旧日本軍が中華民国国民政府の首都南京を制圧し、捕虜や一般市民を殺害するなどした大規模な残虐行為のことをいう。

＊**三光作戦**：日中戦争下において日本軍がおこなった残虐で非道な戦術に対する、中国側の呼称。三光とは、焼光（焼き尽くす）・殺光（殺し尽くす）・搶光《そうこう》（奪い尽くす）。

たとえば、ナチスドイツの高級官僚アドルフ・アイヒマン＊は、ユダヤ人の「絶滅収容所」＊への移送計画の責任者でしたが、彼は直接ユダヤ人を殺したわけではありません。ユダヤ人の移送計画を立案し、部下に命令して実行させました。もし個人の犯罪行為だけを裁判の対象にしていたら、アイヒマンのような人びとの責任を問うことができなくなってしまいます。

2つめは、それまでの「通常の戦争犯罪」の定義が「戦時下」における行為だけを対象にしていた点にあります。

ナチスドイツのユダヤ人に対する迫害は、第2次世界大戦が始まる以前（平時）からドイツ国内でおこなわれ、開戦とともにドイツが占領した地域に広がっていきました。しかし、「戦時下」の行為しか裁けない「通常の戦争犯罪」の定義では、戦争前から始まっていた重大な人権侵害を裁くことはできません。このような歴史的経緯からこれまでの「通常の戦争犯罪」の定義を拡大する必要があったのです。

つまり、第2次世界大戦が終結した時点での国際法では、平時・戦時に関わらず大規模で組織的におこなわれた重大な人権侵害について、それを計画・指揮した者や実行に関わった者を十分に裁くことができなかったので

＊**アドルフ・アイヒマン**（1906年〜62年）：ドイツの警察官僚。親衛隊中佐。「ユダヤ人問題の最終解決」といわれた計画に携わり、ヨーロッパ各国からユダヤ人を強制収容所へ列車輸送する最高責任者。終戦後、米軍によって拘束されるが捕虜収容所から逃亡。ドイツ国内、イタリア、アルゼンチンに16年間潜伏。1960年拘束され、翌年イスラエルの裁判にかけられたが、「命令に従った」だけだと主張した。有罪判決を受け、62年絞首刑にされた。

＊**「絶滅収容所」**：アウシュビッツ・ビルケナウなどドイツが占領した各地にユダヤ人の強制収容所が建てられ、そこに送り込まれたユダヤ人たちはガス室などで殺害された。「ユダヤ人問題の根本解決」の民族浄化政策で600万人のユダヤ人が虐殺されたとされる。このほか、シンティ・ロマの人びと、ポーランド人、障がい者、同性愛者、共産主義者、反ナチ運動家などが殺害された。

す。この過去に類のない人権侵害にとりくむために、国際社会は「人道に対する罪」という、それまでに条約などにはっきりと書かれていなかった考え方をつかって対応したのです。

ニュルンベルグ裁判・東京裁判が新たに採用した2つの国際犯罪の定義は、これ以降、戦争の違法化をめぐる国際法に大きな影響を与え、その後の国際条約や国連決議に盛り込まれ発展していきました。

この2つの国際犯罪を採用したことに、いまもなお、戦勝国が敗戦国を後から裁くためにつくったルールであるとの批判があります。しかし、特別な条約はつくられていませんでしたが、以前から重大な人権侵害を違法であるとする国際的なルールはあったと考えられています。

国際軍事裁判の課題

では、ニュルンベルグ裁判・東京裁判では、「平和に対する罪*」や「人道に対する罪」で残虐行為に加担した者を公平に裁くことができたのでしょうか。きちんと裁けた事例もたくさんありますが、裁けなかった事例もありま

Auschwitz - Birkenau（アウシュビッツ・ビルケナウ強制収容所）。©One From RM

*東京裁判での「平和に対する罪」：東京裁判で起訴されたA級戦犯の被告計28名が訴追され、1名は精神障がいで訴追免除、2名が病死。そのほか25名全員が有罪になり絞首刑（7名）、終身刑（16名）、有期禁錮（2名）が言いわたされた。

した。裁けなかった原因は2つあると考えられています。

1つめの理由は、「人道に対する罪」の適用期間が制限されていたことです。ニュルンベルグ裁判と東京裁判は、第2次世界大戦中におこなわれた重大な人権侵害の責任者を裁く目的で開廷されましたから、戦争前に起こった重大な人権侵害は対象外とされました。

このため、とくにニュルンベルグ裁判ではドイツ国内でおこなわれた大戦前の犯罪行為については裁かれませんでした。それらの犯罪行為については、ニュルンベルグ裁判の後におこなわれた「ニュルンベルグ継続裁判＊」という米国による軍事裁判や国内裁判で裁かれました。日本についても、戦前の朝鮮半島などでの植民地支配は訴追の対象とはなりませんでした。

こうした事情から、2つの国際裁判によって裁かれた件数は限定的なものになりました。

2つめの理由は、それまでの国際法において強かんなどの性暴力が、明確な国際犯罪として定義されていなかったことです。戦時下での組織的な性暴力が必ずしも殺人や虐殺をともなうわけではなかったため、こうした犯罪が「人道に対する罪」にあたるかどうかが問題になりました。

＊ニュルンベルグ継続裁判：ニュルンベルグ裁判の後に米軍が設置した、ナチス戦犯を裁くための12の軍事法廷のこと。正式名称は「ニュルンベルグ軍事審議会前の戦争犯罪の法廷」。1946年12月から1949年4月にかけておこなわれ、有罪となった者には死刑も適用された。

たとえば、第1章で触れたいわゆる「慰安婦」問題（日本軍性奴隷制）では、当時の日本軍が何万という女性を組織的かつ大規模に軍が管理する「慰安所」という施設に隔離し、働かせていました。この行為は当時の国際法においても重大な人権侵害でしたが、性暴力が重大な犯罪であるという認識が国際社会にとぼしかったため、日本軍性奴隷制が「人道に対する罪」として裁かれることはありませんでした。

さらに、重大な人権侵害の中でも、とくに戦勝国の米国、ソ連などの「連合国側」が犯した罪はその責任をまったく問われませんでした。ニュルンベルグ裁判・東京裁判の２つの軍事法廷が、基本的には戦争に勝った側が戦争に負けた側を裁くものだったからです。

またニュルンベルグ裁判・東京裁判では、刑罰の1つとして死刑が選択され、実際に死刑が執行されました。大規模な人権侵害の加害者を裁くばあいに死刑を刑罰として用いることが適切なのかが大きな問題となり、その後の議論に大きな影響を与えています。

『日本軍「慰安婦」問題　すべての疑問に答えます。』アクティブ・ミュージアム「女たちの戦争と平和資料館」（wam）編著（合同出版、２０１３年）

ジェノサイドの罪（集団殺害の罪）を許さない

1948年、ニュルンベルグ裁判、東京裁判で採用された「人道に対する罪」の考え方をさらに具体化した「ジェノサイド条約*」—⑪が国際条約としてつくられます。

ジェノサイドの罪は、平時であるか戦時であるかを問わず、国民、人種、民族、宗教的集団などに対して、大規模で継続的な攻撃をおこなって肉体的・精神的な危害を加え、水道や電気など生活の基盤を根こそぎ破壊する行為で、その集団が絶滅するような大きなダメージを与えます。大がかりな行為ですので、個人では不可能であり、政府、軍隊、武装勢力などによって組織的におこなわれます。

ジェノサイド条約は、そうした行為を国際的に禁止する条約で、第2次世界大戦中にナチスドイツがユダヤ人などに対しておこなった迫害・虐殺行為をくり返さないために、「集団殺害」は国際法上の犯罪であるとして防止・処罰することを定め、国内での地位を問わず犯人は処罰されるとしています。

ジェノサイド条約はその後、「旧ユーゴスラビア国際刑事法廷（ICTY*）」

*ジェノサイド条約：117ページ参照。

―⑲や「ルワンダ国際刑事法廷（ＩＣＴＲ）*」―⑳を経て、「国際刑事裁判所の設立に関する規程（ＩＣＣ規程）」―㉑にも引き継がれています。

さらに人権侵害の防止と人権擁護が進んでいった

第２次世界大戦が終結した年に国連が設立されると、人びとは国連を中心に平和主義の理念を実現するために、さまざまな問題にとりくみ、国際的なルールをつくってきました。第２次世界大戦で人種、民族、宗教、政治信条、性の違いや障がいなどを理由にさまざまな残虐行為が頻発したことから、人権侵害をくい止めることが、戦争を防止し平和を実現するために不可欠なとりくみであると考えられるようになりました。

そして、戦争は最悪の人権侵害であることが国際社会の共通認識になってきました。

１９４８年の国連総会では、「世界人権宣言*」―⑫が採択されます。「世界人権宣言」は、「すべての人民とすべての国とが達成すべき共通の基準」とされ、その後さまざまな人権条約*がつくられ、人権侵害の防止策と人権の保

*旧ユーゴスラビア国際刑事法廷（ＩＣＴＹ）：77ページ参照。

*ルワンダ国際刑事法廷（ＩＣＴＲ）：81ページ参照。

***世界人権宣言**：「すべての人間は、生まれながらにして自由であり、かつ、尊厳と権利において平等である」（第１条）が大原則とされている。

米国大統領の妻エレノア・ルーズベルトと世界人権宣言、１９４９年。
©BlatantWorld.com

***さまざまな人権条約**：市民的及び政治的権利に関する国際規約、女性差別撤廃条約、人種差別撤廃条約、子どもの権利に関する条約、障がい者権利条約など。

障が打ち出されていきます。

ニュルンベルグ諸原則

1950年、ニュルンベルグ裁判の後にひらかれた国連総会は、ニュルンベルグ判決を受けて「ニュルンベルグ諸原則」⑬を採択しました。

この「ニュルンベルグ諸原則」は、つぎの3つの原則を掲げています。

第1原則──「平和に対する罪」「戦争犯罪」「人道に対する罪」を国際法上の犯罪とし、この3つの罪を犯した者は処罰される。

第2原則──国内法で刑罰を科していないばあいも国際法で罪が問われる。

第3原則──国家元首や指導者、上官の命令に従った者であっても、その者の責任を免れない。

この原則が国際社会に提示されることで国際犯罪が明確に定義され、戦争責任を個人が負うことが、ニュルンベルグ裁判以降の国際社会で普遍的に適用されることになりました。つまり国際社会は、戦争を起こすこと、戦争でおこなわれるさまざまな非人道的な行為を、国際法上の犯罪として裁くことを宣言したわけです。

戦争犯罪に時効はない〜「時効不適用条約」

さらに１９６８年になると、国連総会は戦争犯罪のような重大な犯罪についての「時効」を認めないことを確認する「時効不適用条約」＊―⑭を採択しました。戦後23年が経過して戦争の記憶が風化することをおそれた国連は、この条約で、重大な犯罪がおこなわれてから何年経過しようとも、犯罪の責任者は罪を取り消されることはなく、永久に追及されることを宣言しました。条約によって、ニュルンベルグ裁判以降もナチスドイツの戦犯容疑者は、国際法上、司法の追及を免れることができなくなりました。

＊**時効不適用条約**：１９６８年採択。正式名称「戦争犯罪及び人道に対する罪に対する時効不適用に関する条約」。公訴時効は、事件から一定の期間が経つと、刑事訴追を免れる法的制度。国際刑事裁判所でも「時効不適用条約」を受け継ぎ、時効を認めていない。

第5章
市民社会が戦争を裁く「民衆法廷」の誕生

第2次世界大戦後、国際社会は戦争を違法化する努力を続け、ニュルンベルグ裁判や東京裁判で重大な人権侵害が裁かれる一方で、さまざまな「戦争中のルールと処罰」の条約、「戦争の違法化」の条約、「人権擁護」の条約をつくってきました。

しかし、戦後の国際社会がニュルンベルグ裁判・東京裁判の成果や限界をしっかり受け止め、さまざまな条約を活用し、戦争や重大な人権侵害の再発防止のために努力してきたかというと、疑問が残ります。第2次世界大戦後の戦争や紛争下でもさまざまな事件が頻発し、その罪が放置されているからです。

民衆法廷のアイディア

このような状況に対して、民衆法廷というとりくみが提案されました。

民衆法廷とは、各国や国際機関が重大な人権侵害や国際法の違反を問おうとしないときに、国境を越えて市民社会が立ち上がり、国際法に基づいて人権侵害の責任を明らかにして国際世論に問題提起をおこなう国際的なとりくみのことをいいます。しかし、「法廷」とはいっても、国際機関でも国の機関でもない、市民が自主的に開設する「法廷」です。この「法廷」は既存の国際法によって審理されますが、その「判決」に法的拘束力はありません。

民衆法廷は、世界各地で活動している国際政治学者や法学者、科学者、ジャーナリスト、市民活動家などのネットワークによって支えられています。現在までに数多くの民衆法廷がひらかれていますが、扱われているケースは当事者の国家、あるいは国際機関が公的・公正に取り上げてこなかった事件や問題ばかりです。

さまざまな民衆法廷の活動によって、いままで沈黙を強いられてきた被害者が声をあげ始めました。民衆法廷の判決には特定の様式がなく、また人権侵害の責任者に「有罪」という判決を出しても、そこに刑罰は示されません。民衆法廷が刑事罰の執行を目的としているのではなく、人権侵害の被害者の声を受け止めて人びとの平和や正義を求める意思を表明し、正義の回復を求める運動であるからです。

民衆法廷では有罪判決が出されるまでの過程で、膨大な証拠となる証言や資料を検討して事実を検証します。そして歴史的事実を認定し、判決の中に記録します。このことにより、本来加害者や責任者の処罰をおこなうべき国家や国際法廷が、その責務を果たさず問題を取り上げなかったとしても、事実が闇に葬り去られ風化することを阻止し、後世に貴重な資料を遺すことが可能となります。さらに、認定された事実について、事態が発生した当時の国際法に基づき法的な評価をおこないます。また、裁判官などに国際刑事法廷の裁判官経験者や国際人道法の専門家が関与することで、民衆法廷に「模擬裁判」の域を超えた権威が生まれます。民衆法廷が、国際社会が守らなければならない義務の内容を、説得力をもって示すことが可能となるのです。判決に法的拘束力がなくとも、国際法の運用について、国際社会に重大な問題提起をすることができるようになります。

このような国際社会の「不処罰の歴史」「不処罰の文化*」に立ち向かおうとする活動や、憎しみと暴力の連鎖を断ち切ろうとする国際社会の願いが、国際的な人権・人道のルールの発展へつながっています。

裁かれなかったベトナム戦争

1950年代末から1975年まで続いたベトナム戦争―⑮を見てみま

＊ **「不処罰の文化」**：89ページ参照。

しょう。フランスの植民地であったベトナムでは、第2次世界大戦後、民族独立闘争が始まりました。独立を果たそうとする解放戦争を中国（中華人民共和国）やソ連が支援し、アジアの共産化をおそれた米国はフランスを後押ししました。

米軍はベトナム北部全土に大規模な無差別爆撃をくり返したばかりでなく、森林地帯・農村地帯に「枯葉剤作戦*」を展開しました。枯葉剤を散布して、ベトナムの自然環境を破壊したのです。猛毒の枯葉剤によって流産が多発し、いまもなお重度の障がいに苦しむ子どもがいます。また、「ソンミ村虐殺事件*」のような、一般住民の家屋の破壊や集団虐殺も頻繁に起こりました。

米軍によるベトナムの人びとに対する「重大な人権侵害」が問われないままに放置されているという状況は、国際世論の批判の的になりました。そして国際的なベトナム反戦運動の盛り上がりとともに、市民社会によって米国の重大な人権侵害を裁く民衆法廷というアイディアが出てきたのです。

＊**枯葉剤作戦**：ベトナムの森林・農村地帯に枯葉剤を空中散布し、森を枯死させることで敵の隠れ場所を消滅させたり、食料生産に打撃を与えることを戦略目標にした。枯葉剤に含まれていたダイオキシン類によって、重度の障がいに苦しむ子どもが多発した。

＊**ソンミ村虐殺事件**：ベトナム戦争中の1968年、米陸軍の部隊が南ベトナムのソンミ村を襲撃し、村民500人以上を虐殺した事件。兵士14人が殺人罪で起訴されたが、中尉1名が終身刑（のちに10年の刑期に減刑）、13人は無罪となった。

ベトナム戦争の負傷兵。©tommy japan

ベトナム戦争を裁く

1967年、ベトナム戦争で米国が犯した重大な人権侵害を裁くために「ラッセル法廷」——⑯が創設されました。この「ラッセル法廷」(ストックホルムで開廷)は英国のバートランド・ラッセル*によって提唱され、フランスの哲学者、文学者のジャン＝ポール・サルトル*が裁判長を務めました。

「ラッセル法廷」は市民社会が国際法廷を開催し、「ニュルンベルグ諸原則」*をはじめとする国際法に基づいて、ベトナム戦争における米国の重大な人権侵害を審査し、その責任を問うというものでした。この国際法廷には、ラッセルやサルトルのほかに、トルコ、イタリア、フランス、英国、フィリピン、日本、パキスタン、そして米国などから、国際法の専門家や弁護士、哲学者、ジャーナリストが参加しました。そして約10日間にわたってひらかれた裁判では、ベトナム現地で法廷がおこなった調査の結果が報告され、ベトナムから何人かの戦争被害者が出廷して被害の実情について証言しました。

そして「ラッセル法廷」は、米国は国連憲章などに違反してベトナムに侵略し、ニュルンベルグ諸原則で定められた「平和に対する罪」「人道に対す

***バートランド・ラッセル**(1872年〜1970年):英国の伯爵。哲学者、論理学者、数学者でノーベル文学賞受賞者。アインシュタインとともに呼びかけ人となり核廃絶を訴えた「ラッセル＝アインシュタイン宣言」(1955年)を発表した。核兵器廃絶の運動の先駆者でもある。

***ジャン＝ポール・サルトル**(1905年〜80年):フランスの哲学者、小説家、劇作家、評論家。

***ニュルンベルグ諸原則**:62ページ参照。

る罪」やニュルンベルグ諸原則から発展した「ジェノサイドの罪」を犯したとの判決を発表しました。さらに判決では、米国の無差別爆撃について、民間人や民間施設への攻撃を禁じた1949年の「ジュネーブ4条約＊」─⑰に違反するものであると認定しました。「ラッセル法廷」では条約で定められた犯罪である「ジェノサイドの罪」が採用され、実際に適用されました。こうした経験が、後の国際刑事裁判に一定の影響を与えています。

民衆法廷をめぐる最近の動き

最近の民衆法廷として、米国のアフガニスタン攻撃を裁く「アフガニスタン国際戦犯民衆法廷（2003～4年／東京）」、2003年に始まった米英諸国のイラク攻撃による人権侵害などを裁く「イラク国際戦犯民衆法廷（2004～5年／日本）」などがあります。

ここで、国際刑事裁判所の設立とほぼ同時期にひらかれた「女性国際戦犯法廷」─⑱（2000年）を少し紹介しましょう。

この法廷は、第1章で紹介した日本軍性奴隷制問題をはじめとする、紛争

＊ジュネーブ4条約：1949年に成立した、それぞれ「戦地にある軍隊の傷者及び病者の状態の改善」「海上にある軍隊の傷者、病者及び難船者の状態の改善」「捕虜の待遇」「戦時における文民の保護」に関する4つの条約。国際人道法の基本原則。4条約の最初の3つの条文は共通事項であり、この共通条項を発展させた2つの追加議定書が1977年に加わった。あわせて「ジュネーブ諸条約」とも呼ばれる。

東京・九段会館でおこなわれた女性国際戦犯法廷の審理のもよう。
写真提供：VAWW RAC

下での女性に対する暴力の問題にとりくんできたアジア各国の女性たちのネットワーク*が中心となってつくられ、東京で開催されました。

裁判長はガブリエル・カーク・マクドナルドさん（旧ユーゴスラビア国際刑事法廷の前所長）が務めました。韓国、朝鮮民主主義人民共和国、中国、台湾、フィリピン、インドネシア、東ティモール、オランダから被害者である元「慰安婦」が証言台に立ち、日本軍から受けた被害体験を証言*しました。

女性国際戦犯法廷は、これらの証言や各地から集められた膨大な証拠をもとに日本軍の性奴隷制の実態を明らかにし、「この日本軍による組織的かつ大規模な性暴力は、第2次世界大戦当時の国際法に違反する重大な人権侵害であり、『人道に対する罪』にあたる」と結論づけました。そして、部下の違法行為について知っていたか知るべき立場にあったのに必要な措置をとらなかったとして、当時の日本の戦争指導者であった昭和天皇や日本軍の幹部に対し、「人道に対する罪」で有罪であるとの判決をくだしました。戦時性暴力について、「人道に対する罪」が適用される実践例を示したことになります。これは、今後国際刑事裁判所での「人道に対する罪」の適用に影響を与える可能性があります。

＊**アジア各国の女性たちのネットワーク**：法廷は、日本、韓国、朝鮮民主主義人民共和国、中国、台湾、フィリピン、インドネシア、マレーシア、東ティモール、オランダの各国の支援団体によってつくられた。

＊**被害体験を証言**：『Q＆A女性国際戦犯法廷─「慰安婦」制度をどう裁いたか』VAWW-NETジャパン編（明石書店、２００２年）、『女性国際戦犯法廷の全記録1・2』VAWW-NETジャパン編（緑風出版、２００２年）。法廷の記録がＤＶＤ、ビデオになって販売されている（ビデオ塾制作、２００２年）。

第6章
地域紛争の解決が国際社会の課題になった

戦争の違法化によって第2次世界大戦以降、国家間の戦争は激減しました。しかし、おなじ民族、おなじ国民同士が争う悲惨な内戦・紛争が頻発しています。また、核兵器は実際には使われていませんが、核実験は何度もくり返され、核兵器をもつ国も増加しています。

さて、第2次世界大戦終結後は、戦勝国である米国とソ連を中心に世界を二分する状況が起きました。米国は資本主義・自由主義を、ソ連は共産主義・社会主義を世界の基軸とするという考え方を推し進めようとして対立しました。その結果世界は両陣営に分かれ、経済、政治、軍事それぞれの分野において対立構造を深め、「東西冷戦時代」（1945年～89年）と呼ばれました。1989年12月に、ソ連のゴルバチョフ書記長と米国のジョージ・H・W・ブッシュ大統領の会談を経て、冷戦の終結が宣言されました。ソ連では、その後共和国の独立が続き、1991年に解体されました。ソ連の崩壊によって、東西冷戦時代が終わります。冷戦は第3次世界大戦へといつ発展してもおかしくない状況だったのですが、結果として、両陣営が総力をつかって戦うという事態におちいることはありませんでした。しかし、その後の世界に多くの紛争の火種を残してしまったのです。

そのため、冷戦終了後、数多くの紛争が起こるようになりました。それらの紛争では、異なる民族の対立があおられて、「民族浄化」（エスニック・クレンジング）と呼ばれる他民族に対する残虐な行為が頻発するようになりました。それまで仲良く暮らしてきた隣人同士が殺し合う、悲惨な紛争が起こったのです。

旧ユーゴスラビア紛争

ユーゴスラビアは、第２次世界大戦中、ドイツ、イタリアに支配されていましたが、チトー大統領によって独立を達成しました。６つの共和国*と５つの民族*が融合した連邦共和国でした。しかし、カリスマ的指導者だったチトーが死去し、ソ連が崩壊すると、各共和国、各民族の間で分離独立の動きが起こりました。そして、スロベニア、クロアチア、ボスニア・ヘルツェゴビナの独立宣言と国際社会による国家承認をめぐって、旧ユーゴスラビア紛争が始まりました。この内戦状態は１９９１年から２０００年（ミロシェビッチ大統領の退陣）まで続きました。

＊**６つの共和国**：スロベニア、クロアチア、セルビア、ボスニア・ヘルツェゴビナ、モンテネグロ、マケドニア。

＊**５つの民族**：スロベニア人、クロアチア人、セルビア人、モンテネグロ人、マケドニア人。

　1991年、スロベニアとクロアチアの独立をきっかけに始まった紛争は、1992年にボスニア・ヘルツェゴビナへと飛び火しました。ボスニア・ヘルツェゴビナは国民投票で独立を決定したものの、ボスニアのセルビア人勢力が反対し、旧ユーゴスラビア連邦軍の支援を得て戦闘を開始し、ボスニア紛争が始まりました。4年に及ぶ紛争の死者・行方不明者は200万人以上、難民や国内避難民は300万人以上といわれています。また後に、「民族浄化」や「強制収容所」といった大規模な人権侵害が明るみになり、国際社会に衝撃を与えました。

　1995年11月のデイトン和平合意でクロアチアとボスニア・ヘルツェゴビナの紛争は終息しましたが、1998年2月にはアルバニア系のコソボ解放軍（KLA）とセルビア治安部隊との間に武力衝突が発生し、紛争が激化しました（コソボ紛争*）。1999年3月、欧米諸国が介入し、セルビアへの空爆を開始し、4カ月続いたセルビア全土への空爆で、一般市民などに多くの犠牲者が出ました。この空爆には国際的な批判が巻き起こりました。

　こうして、セルビアの敗北は決定的となりました。その後コソボは、2008年2月に「コソボ共和国」の独立を宣言し、2013年9月までに

コソボ国境付近に展開するアルバニア軍の59式戦車。1999年5月。© Robert Wright

＊**コソボ紛争**：コソボ自治州の90％を占め独立を要求するアルバニア人と、これを認めないセルビア共和国との対立。1999年のNATOによるユーゴ空爆では85万人のアルバニア難民が発生、セルビア側も多大な被害を受けた。同年6月のコソボ和平後にはアルバニア人によるセルビア人に対する報復攻撃が続き、20万人以上が難民となっている。

１９３カ国の国連加盟国のうち、日本を含む１０２カ国の国家承認を受けています。ただし隣国のセルビア、ロシアなどは承認していません。

臨時の国際法廷がつくられた〜旧ユーゴスラビア国際刑事法廷

旧ユーゴスラビア紛争では、ボスニア・ヘルツェゴビナのセルビア人、クロアチア人、モスレム人（現在はボシュニャク人と呼ばれている）のそれぞれが自民族の優位を主張して、「民族浄化」と呼ばれる他民族排除の行動に出ました。たとえばセルビア愛国主義の武装集団である「チェトニク」は、他民族の女性を強かんし、強制的に妊娠させるという性暴力をおこないました。

このような事態に衝撃を受けた国際社会からは、加害者を処罰するべきだという声がわき上がり、この要請を受けた国連安保理が「特別決議」を採択し、臨時の国際刑事法廷を設立することになります。これが「旧ユーゴスラビア国際刑事法廷（ＩＣＴＹ）」―⑲（１９９３年〜現在）です。

オランダのハーグに設置されたＩＣＴＹは、91年以降に内戦下で起こった虐殺、拷問、大規模な強かん、強制的な移住などの重大な人権侵害に関し

審理中の第1法廷。弁護側から撮影。
© ＩＣＴＹ

て、それを命令したり実行したりした個人を裁く国際法廷です。

この国際法廷では、「ジュネーブ諸条約」の重大な違反行為、「通常の戦争犯罪」「人道に対する罪」「ジェノサイドの罪」などの重大な人権侵害の責任者や実行者が裁かれています。たとえば、この特別法廷が最初に手がけたドゥシコ・タディチ*があげられます。タディチはモスレム人住民に対する性暴力、虐殺、拷問などにより有罪判決を受けています。

ＩＣＴＹは現在も、重大な人権侵害に対して責任がある人を裁くべく活動をしています。２０１４年1月の時点で１６１名を訴追し、すでに１４１名の手続きが終了して20名の手続きが進行しています。しかし、ＮＡＴＯ軍の空爆を裁こうとしなかった点については批判があります。

ルワンダ紛争

つぎにアフリカのルワンダで起きた惨劇を見てみましょう。ルワンダという国は、人口約１１３３万人の小さな国です。第１次世界大戦が終わったときにドイツの植民地からベルギーの植民地になり、１９６２年に独立するま

*ドゥシコ・タディチ：１９５５年ボスニアのコザラッツに生まれる。喫茶店を営んでいたが、１９９０年にＳＤＳ（セルビア民主党）に入党し、92年にはコザラッツの町のリーダーに選出された。１９９５年にジュネーブ諸条約の重大な違反を犯したとして、国際刑事裁判所で起訴された。結果、20年の拘禁刑（強制収容所での強かんや拷問などの罪）を言い渡され14年間を獄中で過ごした。

で、その植民地支配を受けていました。ベルギーはその植民地支配において、ルワンダの全人口の14%しか占めていないツチ人を優遇して支配者階級とし、フツ人を冷遇しました。ただし、もともとツチ人・フツ人は単なる部族の違いのようで、植民地時代以前は共存していました。効率よく支配するために、ベルギーがツチ人・フツ人を外見的特徴から勝手に「人種」として分類したにすぎないのです。

１９６２年に民主的な選挙がおこなわれ、ルワンダはベルギーから独立しました。そしてフツ人による支配が確立されました。１９７３年にフツ人のジュヴェナル・ハビヤリマナ将軍が軍事クーデターを起こして大統領に就任し、自らの政党以外の政治活動を弾圧し、一部のツチ人は国外へ逃亡しました。ルワンダ国外のツチ人を中心にルワンダ愛国戦線（ＲＰＦ）が組織され、１９９０年、ウガンダからルワンダに侵攻して内戦*が始まりました。１９９２年にハビヤリマナ大統領はＲＰＦと和平の話し合いを始め、１９９３年８月にアルーシャ和平合意が実現されました。しかし和平は続かず、１９９４年４月６日にハビヤリマナ大統領は暗殺されました。ルワンダのフツ人政権はこの暗殺をＲＰＦの仕業として、同夜より虐殺を開始します。

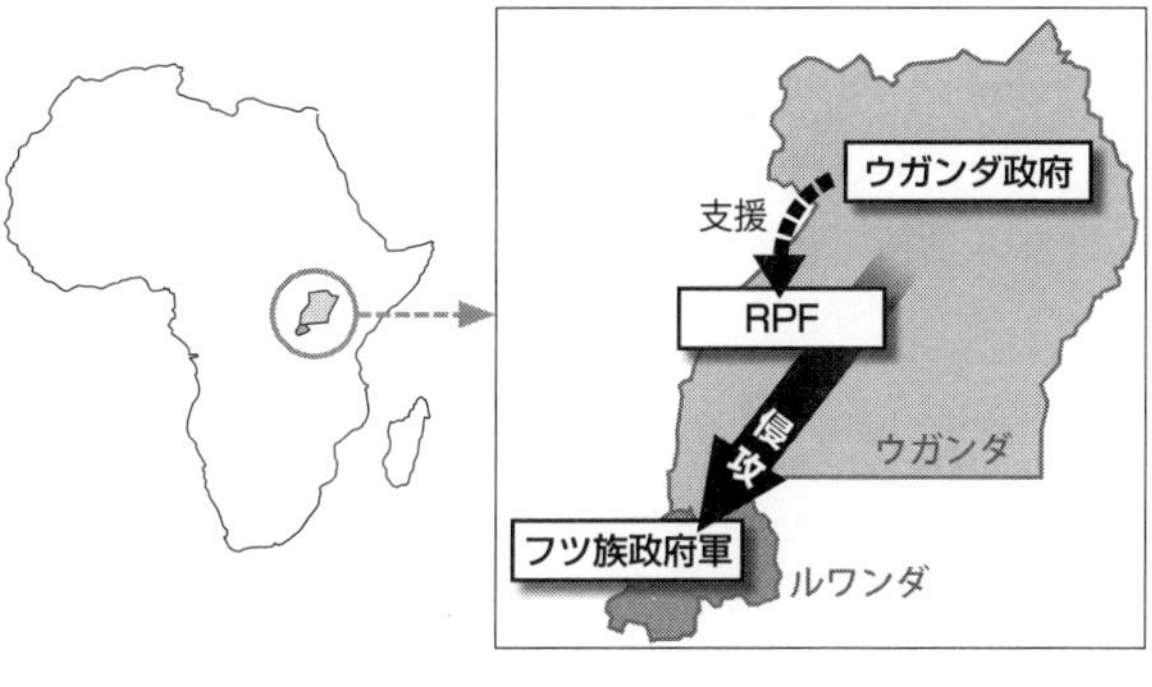

*ルワンダ内戦

虐殺は首都キガリで始まり、数日の間にルワンダ全土に拡大しました。当初の標的は、フツとツチの反体制指導者たち、人権擁護活動家、ジャーナリスト、また著名なツチ人*たちでした。

この虐殺は、組織的・計画的に実行されました。殺害は事実上、多数派のフツ人の民兵集団によっておこなわれました。虐殺の数カ月前から民兵集団は武器を与えられ、ツチ人とフツ政権反対派を殺すために準備しました。RPFの支援者や、そう見られたツチ人、またフツ人の中でRPFを支援する者や非暴力を唱える野党指導者がねらわれました。フツ人が経営するラジオ局が、ツチ人はフツ人の敵であり、ツチ人を虐殺しなければならないとあおる放送を流し続けたことが、虐殺を拡大した重要な要因といわれています。

その後民兵たちはルワンダ各地に検問所を設置し、ツチ人と思われる者はすべてその場で処刑しました。こうした処刑行為は政府や治安部隊が命令または扇動し、処刑に反対するフツ人も犠牲となりました。こうして4月から7月までのわずか数カ月の間に、約100万人の命が奪われたと考えられています。

虐殺は、ツチ人側のRPFがルワンダに侵攻し、ほぼ全土を掌握した7月

***著名なツチ人**：ルワンダ初の女性の首相であり、女性に対する平等な教育の機会を唱えたアガサ・ウヴィリンギイマナ首相も含まれていた。

中旬に終わりました。

『ホテル・ルワンダ』という映画をご覧になった方がいると思いますが、この映画にはルワンダ紛争の悲劇が生々しく再現されています。

ルワンダ国際刑事法廷

このルワンダの虐殺を知りながら止めることに失敗した国連は、1995年、「ルワンダ国際刑事法廷（ICTR）」─⑳（1994年～現在）をタンザニアのアルーシャに設置しました。ルワンダ内戦での大虐殺と、そこでおこなわれた組織的な殺害や強かんを命令しあおった人びと、そして実行した人びとを裁く国際法廷です。

この裁判でもICTYとおなじく、「ジュネーブ諸条約」の重大な違反行為、「通常の戦争犯罪」「人道に対する罪」「ジェノサイドの罪」などの重大な人権侵害の責任者・実行者が裁かれています。

たとえば、タバ市の市長だったジャン＝ポール・アカイェスはツチ人に対する殺人、暴行、拷問を命令したとして「ジェノサイドの罪」「人道に対する罪」で有罪判決を受けました。また、ルワンダの元首相ジャン・カンバンダも「ジェノサイドの罪」「人道に対する罪」で有罪判決を受けています。

ＩＣＴＹ、ＩＣＴＲの２つの国際刑事法廷は、それぞれの地域で発生した事態について裁判をすることはできますが、ほかの地域で起こる重大な人権侵害についてとりくむことはできません。それぞれの事態に対する国際社会の対応としては、先進的な試みでしたが、限界があるものでした。国際刑事裁判所はこの課題を乗り越える機関として期待されています。

２つの特別法廷

ＩＣＴＹ、ＩＣＴＲのとりくみのほかに、１９９０年から特別法廷に向けた動きが出てきました。

第２章で見たように、１９７０年代後半のカンボジアでは、約５年間のポル・ポト政権下において、拷問行為や大量虐殺などの大規模人権侵害がおこなわれました。その責任者の処罰のためにカンボジア特別法廷が設置されました。これは、カンボジア国内法に設置根拠をもつ法廷です。ただし、カンボジアと国連の間で合意文書を交わしたうえで、裁判官、検察官などはカンボジア人と外国人によって構成されます。カンボジア国内の一般の裁判所とも国際刑事法廷とも違うしくみになっています。

カンボジア特別法廷はカンボジアと国連が共同で運営しているので、手続きの複雑さなどの要因が絡み合い、迅速な刑事手続きの進行が妨げられるなどの問題もあります。法廷が実質的に動き始めてから、最初の事件の判決が出されるまでに、６年弱の年月を要しました。

また、おなじようなタイプの法廷として、１９９６年11月30日以降にシエラレオネ紛争下でおこなわれた重大な人権侵害を、国際人道法及びシエラレオネ国内法により裁くことを目的とするシエラレオネ特別法廷が設置されました。同法廷では、もっとも重い責任を負う13名が訴追されました。その中には、チャールズ・テイラー元リベリア大統領も含まれており、２０１２年に禁錮50年の有罪判決を受けています。

しかし同法廷には、国際人道法やシエラレオネ国内法に対して深刻な違反をした重大な責任者のみを訴追対象としている、１９９６年11月30日以降にシエラレオネ国内でおこなわれた犯罪しか訴追することができないといった

カンボジア特別法廷の法廷内部。２００９年７月20日。© Extraordinary Chambers in the Courts of Cambodia

限界があります。本来は、大多数の人権侵害の加害者はシエラレオネ国内の裁判所で公正な裁判を受けることが望ましいのですが、紛争を終結させる際に結んだ和平協定が障害となり、犯罪に関与したその他数千人が刑事訴追を受けずに免責されている現実があります。

さらに、同法廷には被害者の補償のあり方についても課題があります。同法廷は、有罪になった被告人が被害者から奪った財産の没収と、それを正当な所有者に返還するよう命じることしかできません。有罪判決となった被告人が十分な賠償能力をもたないばあいにその差額を補塡《ほてん》し、被害者が補償を確実に受けられるようにするしくみがありません。

シエラレオネ特別法廷。
©シエラレオネ特別法廷

第7章
国際刑事裁判所は平和な世界をつくるために生まれた

これまで第3章から見てきたように、国際社会は武力紛争下における重大な人権侵害を禁止し、実際にそのような人権侵害をおこなった責任者を裁こうと努力を積み重ねてきました。その結果、さまざまな条約や国際法廷が生まれ一定の成果を上げてきたことは事実です。しかし、たとえば国際法廷の不偏性や独立性といった点において、残された大きな課題も存在します。そうした課題を解決すべく、新たな一歩として誕生したのがこの本のテーマである国際刑事裁判所です。

１９９８年7月、国連主催の国際会議において「国際刑事裁判所の設立に関する規程（ＩＣＣ規程）*」が採択されたことで国際刑事裁判所はスタートしました。国際刑事裁判所は、重大な人権侵害をおこなった個人を処罰する、常設の独立した国際法廷です。数世紀に及ぶ国際社会の平和への希求、人権の尊重を求めるさまざまな活動が結実したものといえるでしょう。

その国際会議はイタリアのローマで開催されたため、通称「ローマ会議」、採択された国際裁判所を設立するための条約は「ＩＣＣ規程」と呼ばれています。

*国際刑事裁判所の設立に関する規程（ICC規程）：国際刑事裁判所の目的やしくみを定めた条約文書。なお「規程」とは、一定の目的をもったルールの集まりを指す。『入門国際刑事裁判所』に全文（日本語訳）が掲載されている。

ICC規程。©Amnesty International

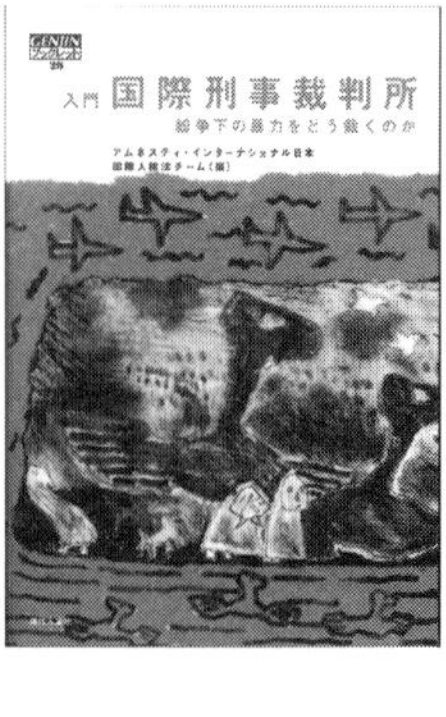

『入門国際刑事裁判所』アムネスティ・インターナショナル日本　国際人権法チーム編（現代人文社、２００２年）

「あと50年は実現しない」といわれたアイディアだったが……

ローマ会議には、160の国を中心に、236のNGO（非政府組織）が参加しました。私たちアムネスティ・インターナショナルを含むさまざまなNGO＊が積極的に関与して、ICC規程の採択に少なからず影響を与えたことは、ローマ会議の1つの特徴でした。また国際刑事裁判所というアイディアは、「あと50年は実現しない」という予想があったので、多くの国ぐにはローマ会議をあまり重要な会議とは考えず、各国とも若手の外交官を送ったといわれています。

そうした特徴が幸いしたのか、会議場は、若い力によって国際刑事裁判所の設立をどんどん進めていこうという雰囲気に満ちあふれ、世界中のさまざまなNGOの声を背景に、圧倒的多数でICC規程が採択されました。民族や宗教、立場を超えて人びとが過去の過ちを反省し、「将来の世代への希望の贈り物」、そして「普遍的人権と法の支配の前進のための巨大な一歩」として国際刑事裁判所の設立を決意した感動的瞬間でした。

ただし、米国や中国、インドといった大国をはじめ、国際刑事裁判所の設

＊さまざまなNGO：このような国際刑事裁判所の設立を求めるNGOのネットワークとして、世界で2000以上のNGOが加盟する「国際刑事裁判所のためのNGO連合」（通称：CICC）が1995年にニューヨークで結成された。その主なメンバーとして、アムネスティやヒューマン・ライツ・ウォッチ、国際人権連盟などの国際的な人権NGOをはじめ、女性の権利のために活動する団体、子どもの権利や平和、人道支援などについて活動する団体、被害者団体、宗教団体など、国際・各国内を問わず、世界中のNGOが参加している。

国際刑事裁判所のためのNGO連合ホームページ。

立に対し消極的な意見を表明した国ぐに＊もありました。それらの国は、国際刑事裁判所が自分たちの国の権利や政策あるいは自国の文化や制度と対立すると考えたのです。大国が反対した理由は、後ほどくわしく紹介したいと思います。

＊国際刑事裁判所の設立に対し消極的な意見を表明した国ぐに：投票結果は、賛成120、反対7、棄権21。無記名投票だったので、具体的にはどの国が実際に反対または棄権したのかは不明であるが、米国、中国、イスラエルなどが反対し、インドは棄権したと指摘されている。

国際刑事裁判所の目的

なぜ、国際刑事裁判所は設立されたのでしょうか？

ＩＣＣ規程の前文はつぎのような決意を表明しています。「(国際刑事裁判所は）犯罪の実行犯を不処罰のままに放置しておく状態を終了させ、(中略）このような犯罪の予防に寄与することを決意」する。

重大な人権侵害の責任者が罪に問われないままになっている状態をこれ以上続けさせない、そうした責任者を公正に裁き、新たな犯罪が発生するのを防いでいくという決意です。

●「不処罰の歴史」「不処罰の文化」

この本でも紹介してきたように、いままで世界で数多くの暴力がふるわれ、重大な人権侵害が発生してきました。しかし、その多くは十分に裁かれず、不処罰の歴史が積み重なってきました。人権侵害の責任者を裁き正義を回復してほしいという被害者の声に、国際社会は十分にこたえてこなかったのです。

こうした「不処罰の歴史」が続いてきたことで、世界には「不処罰の文化*」が生まれてしまったかのようです。そのような状況では、人びとは社会制度を信頼しなくなり、法と正義に基づかない暴力で争いを解決しようとするでしょう。しかし、暴力による紛争解決を「正しい」と感じる人はいません。そのため、一時的には紛争が解決したように見えても、暴力による解決が別の新たな憎しみを生み、再び紛争がくり返されることになるのです。そして、そうした暴力の応酬により傷つき疲れ果てた人びとは、崩壊した社会の中で、希望をもって生きようとする意欲を失い絶望してしまうのではないでしょうか。

●「不処罰の文化」を終わらせる

国際刑事裁判所は、そうした被害者の声にこたえ、「不処罰の文化」を打ち破ろうとする国際社会のとりくみです。そして「ジェノサイドの罪」や

＊**「不処罰の文化」**：重大な人権侵害の加害者の責任が問われず、そのような状況が当たり前のこととして容認されてきた状況を意味する。

「戦争犯罪」「人道に対する罪」「侵略の罪」といった重大な人権侵害の加害者を法と正義に基づいて裁くことで、被害者の傷をいやすとともに、人権侵害の再発を防ごうとする国際機関なのです。

国際刑事裁判所は、これまでの国際法廷の反省を踏まえています。第4章で触れた第2次世界大戦直後の東京裁判やニュルンベルグ裁判のように、ばあいによっては「戦勝者が敗者を裁く」という構図になりがちなのに対して、常設で独立した機関である国際刑事裁判所ではそうした危険性を避けることが期待できます。

さらに、今後重大な人権侵害をおこなえば常に国際刑事裁判所で裁かれる可能性がでてくるので、重大な人権侵害の発生を予防する機能も期待できます。

これまで積み重ねられてきた国際法をさらに発展させ正しく用いることによって、暴力による支配や「不処罰の文化」を打ち破り、暴力をふるった者は法に基づいてきちんと裁き、人びとが安心して暮らせる社会を実現しようとしています。国際刑事裁判所は、不正義と暴力に苦しむ人びとを救う「希望」の国際機関になりうる大きな可能性をもっているのです。

あっという間にスタートした国際刑事裁判所

ＩＣＣ規程が国際会議で採択されただけでは、国際刑事裁判所は設立できません。ＩＣＣ規程によれば、60カ国以上が国際刑事裁判所に参加することを正式に承認（批准・加入）した時点で、国際機関としての活動をスタートできることになっています。

●国際社会が求めていた機関

常設の国際的な刑事裁判所をつくろうという構想は、米国とソ連による冷戦以前からあったのですが、世界が２つの陣営に分かれて争っていた時期には、なかなか実現方法が見つけられませんでした。そのため、そもそもＩＣＣ規程のようなものができるには50年はかかると予想されていましたし、実際にローマ会議においてＩＣＣ規程が採択された時点でも、60カ国以上が国内での手続きを終えるにはその後何十年もかかるだろうと、関係者の多くが予測していました。

ところが、４年後の２００２年には60カ国以上が国内手続きを完了して、国際刑事裁判所がスタートしました。規程の採択から４年で国際刑事裁判所が活動を開始できたということに、関係者は非常におどろきました。この意外にもはやかったスタートは、国際刑事裁判所にかける国際社会の期待の大きさをあらわしたものだったといえるでしょう。

その後も国際刑事裁判所に参加する国は増え続け、２０１３年５月の時点でＩＣＣ規程の締約国は１２２カ国になりました。締約国のリストは、１００ページを見てください。日本も２００７年10月に加盟しました。

そしていままでに、つぎの８つの地域において、国際刑事裁判所の検察官が捜査をしています。

コンゴ民主共和国（２００４年６月捜査開始）
ウガンダ（２００４年７月捜査開始）
スーダン（２００５年６月捜査開始）
中央アフリカ（２００７年５月捜査開始）
ケニア（２０１０年３月捜査開始）
リビア（２０１１年３月捜査開始）
コートジボワール（２０１１年10月捜査開始）
マリ（２０１３年１月捜査開始）

このうち、コンゴ民主共和国及び中央アフリカの３つの事件については、手続きが公判まで進みました。これまで国際刑事裁判所の手続きにおいてとくに動きのあったコンゴ民主共和国、ウガンダ、スーダンの事例については、１４１ページで紹介します。

国際刑事裁判所は捜査機関と司法機関をもっている

では国際刑事裁判所とはどのような裁判所なのか、少しくわしく紹介しましょう（図表④）。

名称は「裁判所」ですが、日本の国家機関でいえば、捜査機関（検察庁）と司法機関（裁判所）の２つの機能を兼ね備えています。

１つめの捜査機関の機能として、国際刑事裁判所内部の検察局は、重大な人権侵害の通報を受けると、捜査をおこなって情報を収集し、被疑者＊の身柄を拘束します。裁判になったばあいには、被告人＊の有罪を立証する検察官＊の役割を果たします。

２つめの司法機関の機能として、国際刑事裁判所内部の裁判部門は、

図表④　ICC 組織図

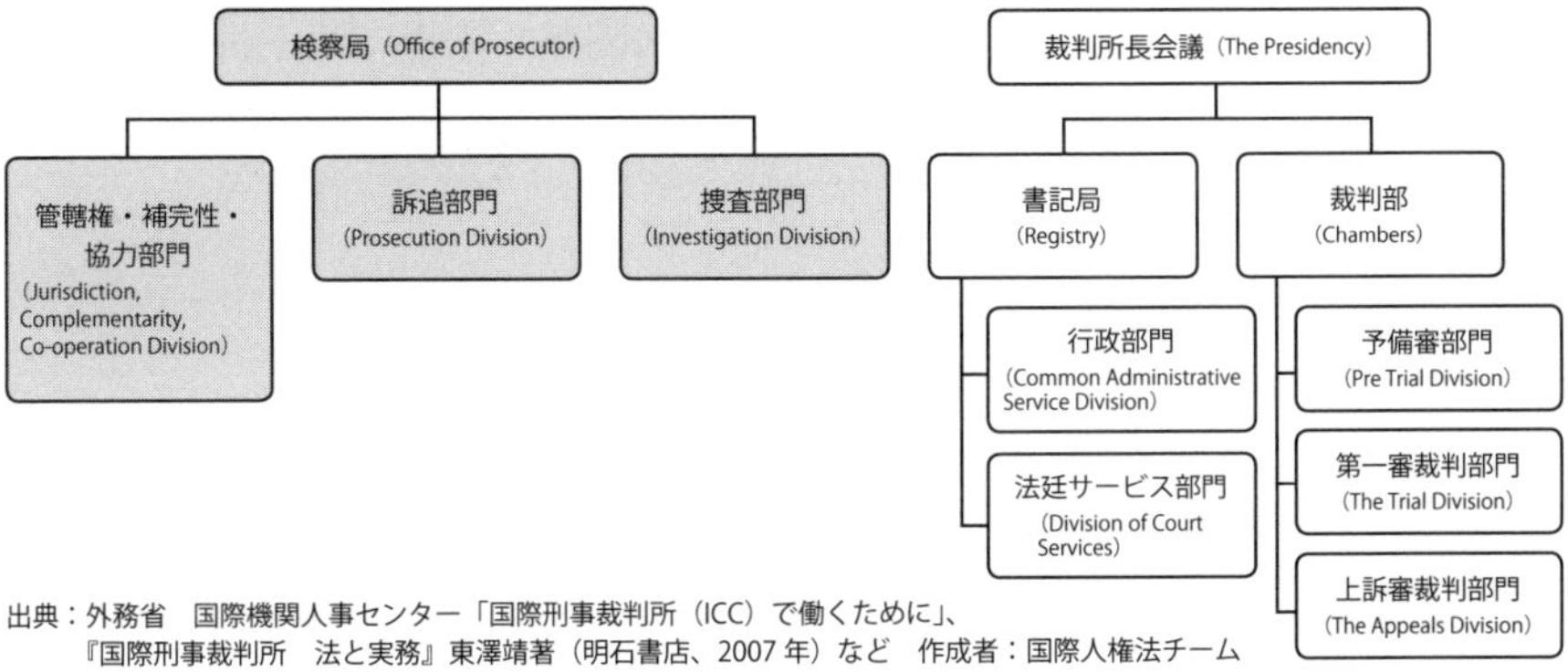

出典：外務省　国際機関人事センター「国際刑事裁判所（ICC）で働くために」、
『国際刑事裁判所　法と実務』東澤靖著（明石書店、2007 年）など　作成者：国際人権法チーム

検察局からの情報をもとに裁判にかけるかどうかを判断し、実際に法廷をひらき、被告人がほんとうに犯罪をおこなったのか、おこなったとすればどのような刑罰が適当かを決定します（１２５ページ参照）。

●国際刑事裁判所の４つの特徴

国際刑事裁判所にはつぎの４つの特徴があります。

①公平な裁判を実現する

常設の国際裁判所であることによって、戦争の勝者が敗者を一方的に裁くといわれてきた従来の国際法廷（ニュルンベルグ裁判・東京裁判であった批判）の性格が弱まり、紛争当事者の立場を離れて公平な裁判を実現することができます。また、お金や時間、人材を効率よくつかうこともできます。さらに常設の国際機関として、人権侵害を未然に防ぐ効果（抑止力）が期待できます。

②重大な人権侵害のみを裁く

国際刑事裁判所はすべての犯罪を裁くのではなく、国際社会がとくに重大だと考える特定の犯罪（ジェノサイドの罪・人道に対する罪・戦争犯罪・侵略の罪）＊についてのみ、捜査・裁判をおこないます。

＊**被疑者と被告人**：被疑者は、加害者と疑われ捜査の対象となっている者。起訴され裁判にかけられた後は「被告人」と呼ばれる。

＊**検察官**：被告人が有罪であることを立証し、その責任を追及する役割をもつ。被告人の立場に立って弁護するのが弁護士。

＊**国際刑事裁判所の対象犯罪**：１０６ページ参照。

③人権侵害をおこなった個人の責任を問う

軍や政府などの集団の責任ではなく、重大な人権侵害をおこなった個人の責任を直接追及します。これは、人権侵害を組織のせいにして、人権侵害をおこなった個人が不処罰になってしまうのを防ぐためです。

④各国の裁判所を補完する（補完性の原則）

犯罪行為はまず、各国の裁判所でその国の国内法によって裁くのが原則です。したがって、国際刑事裁判所は、それぞれの国の裁判所が正常に機能しないばあいにかぎって、捜査・裁判をおこなうことができるとしています。たとえば、人権侵害をおこなった人物が軍事政権の権力者で、政権が倒れた後も権力を握っているためにその国では裁けないというばあい、または国内紛争などで国家のシステム、裁判所の機能が破壊されてしまい、その国で裁きたくても裁けないというばあいなどが想定できます。

このように、各国の裁判所が正常に機能しないときにかぎって国際刑事裁判所が代わりに裁くことを、国際法の専門用語で「補完性の原則」といいます。つまり、国内の裁判所が正常に機能しているかぎり、国際刑事裁判所はその国の裁判所を差しおいて事件を取り上げることはしません。

女性・子どもへの暴力を許さない

国際刑事裁判所は、その設立された理念に基づいて、とりわけ女性や子どもに対する人権侵害を許さないという立場を明確にしています。女性や子どもは社会的に弱い立場におかれることが多く、とくに戦争、武力紛争の中では、重大な人権侵害の被害者になりやすいからです。

●戦争での女性への暴力

戦争や紛争下で頻発する強かんなどの性暴力は、女性が被害者になるケースが圧倒的に多く、被害者に肉体的なダメージだけでなく、深い心理的なダメージ（トラウマなど）を残します。さらに性暴力の被害者であるにもかかわらず、逆に社会的な差別を受けるばあいもあります。紛争下での女性に対する性暴力*は、第４章（58ページ参照）で見てきたようにこれまでの歴史の中ではきちんと裁かれてきませんでした。国際刑事裁判所には、そうした歴史への反省から、女性や子どもに対する人権侵害を積極的に裁くことが期待されています。

また国際刑事裁判所では、女性に対する暴力の問題に関する専門知識を

紛争下の性暴力の問題にとりくんできた女性たちが、国際刑事裁判所の誕生に喜びの声をあげる。２００２年、国連。©国際刑事裁判所を求めるＮＧＯ連合（Coalition for an International Criminal Court）

＊**紛争下での女性に対する性暴力**：紛争下における女性への暴力の問題にとりくんできた女性たちは、「ジェンダー正義を求める女性コーカス」というＮＧＯのネットワークを結成し、国際刑事裁判所がこの問題に正面からとりくむよう、ローマ会議の場で強く働きかけた。

もった裁判官や検察官、スタッフが登用されています。たとえば性暴力による心理的なダメージについての専門知識をもったカウンセラーを配置することで、被害者や証人に対して適切に対応する体制が整えられています。

●子どもの被害

子どもたちもまた、１章で紹介したように、紛争下で人身売買＊、児童買春、児童労働＊、子ども兵士などの重大な人権侵害の被害者になっています。とりわけ、子どもを兵士として集め戦争に使用することは、これまでの国際法では重大な人権侵害とは考えられず、事実上放置されてきました。ＩＣＣ規程で国際的な犯罪として認められて裁判の対象となったことは、大きな前進です。

子どもに対しても、女性と同様に児童心理の専門家を配置するなど、適切に対応できるよう気をつけています。また子どもが証人として裁判に参加するばあいには、その親の同意を得て、子どもの世話をする付添人を用意することもあります。

＊参考図書『世界中から人身売買がなくならないのはなぜ？』小島優＋原由利子著（合同出版、２０１０年）
＊参考図書『わたし８歳、カカオ畑で働きつづけて。』児童労働を考えるＮＧＯ＝ＡＣＥ　岩附由香＋白木朋子＋水寄僚子著（合同出版、２００７年）

国際刑事裁判所に参加している国・していない国

100ページの世界地図（図表⑤）を見てください。現在、国連加盟国193カ国のうち、ICC規程の締約国は122カ国（約63％）にのぼります。国連加盟国の過半数が参加していることからも、国際社会の期待の大きさがわかります。

●参加していない国の考え

このリストを見ると、締約国の中に米国、ロシア、中国などの主要国の名前がありません。そもそも、米国、ロシア、中国、インドはICC規程に反対ないし消極的な態度をとっています。また中東などの、イスラム教を背景としたイスラム法*に基づく法制度を採用している国でICC規程に参加している国は、ほとんどありません。中東の国の中では、国際刑事裁判所のことをヨーロッパの国が中心になってつくった裁判所にすぎないと思っているところがあり、ほんとうに公正中立で欧米寄りでない裁判所なのか見極めたうえで、参加するかどうかを判断するという姿勢の国もあると考えられています。

***イスラム法**：コーランに基づいた法体系。世界の3つの法体系の1つ。中東などのイスラム教の国の法律。ほかに英国や米国でつかわれている英米法、ヨーロッパ主につかわれている大陸法がある。

じつは、米国のように、ただ反対を表明しただけでなく、国際刑事裁判所がスムーズに活動することを妨げる行動*をとる国もあります。米国が国際刑事裁判所の創設に反対した理由は、国際刑事裁判所が政治的に利用されるおそれがあり、世界各地に展開している米軍の兵士が、個々の軍事行為を戦争犯罪などの容疑で、国際刑事裁判所に起訴されることをおそれたためだと考えられています。さすがに米国も最近では国際刑事裁判所の存在を認め、妨害する姿勢を弱めていますが、相変わらず裁判所への参加は拒んでいます。

日本はローマ会議での議論に積極的に参加し、採決でも賛成票を投じました。日本政府はＩＣＣ規程を批准する方針を発表し、国内法の整備など必要な作業を進め、２００７年10月に国会で関連法とともにＩＣＣ規程を可決・承認し、正式に国際刑事裁判所の加盟国になっています。

●各国の協力が不可欠

国際刑事裁判所は常設の独立した国際法廷として、世界中のあらゆる重大な人権侵害の責任者を普遍的に裁くことが期待されています。

しかし、私たちは国際刑事裁判所の「限界」についても認識する必要があります。国際刑事裁判所は、ＩＣＣ規程という条約に基づいて設置された機

***妨げる行動**：たとえば、「二国間免責協定」という妨害行動がある。１４４ページ参照。

＊参加している国　１２２カ国

＊アフリカ34カ国――ベナン、ボツワナ、ブルキナファソ、ブルンジ、カーボベルデ、中央アフリカ共和国、チャド、コモロ諸島、コンゴ、コートジボアール、コンゴ民主共和国、ジブチ、ガボン、ガンビア、ガーナ、ギニア、ケニア、レソト、リベリア、マダガスカル、マラウィ、マリ、モーリシャス、ナミビア、ニジェール、ナイジェリア、セネガル、セーシェル、シエラレオネ、南アフリカ、チュニジア、ウガンダ、タンザニア、ザンビア

＊アジア太平洋19カ国――アフガニスタン、オーストラリア、バングラデシュ、カンボジア、クック諸島、フィジー、日本、ヨルダン、モルディブ、マーシャル諸島、モンゴル、ナウル、ニュージーランド、フィリピン、大韓民国、サモア、タジキスタン、東ティモール、バヌアツ

＊東ヨーロッパ19カ国――アルバニア、ボスニアヘルツェゴビナ、ブルガリア、クロアチア、チェコ共和国、スロヴァキア、キプロス、エストニア、グルジア、ハンガリー、ラトビア、リトアニア、モンテネグロ、ポーランド、モルドバ共和国、ルーマニア、セルビア、スロヴェニア、マケドニア旧ユーゴスラビア共和国

図表⑤　国際刑事裁判所に参加している国・していない国

＊西ヨーロッパとそのほかの国ぐに23カ国——アンドラ、オーストリア、ベルギー、カナダ、デンマーク、フィンランド、フランス、ドイツ、ギリシャ、アイスランド、アイルランド、イタリア、リヒテンシュタイン、ルクセンブルグ、マルタ、オランダ、ノルウェー、ポルトガル、サン・マリノ、スペイン、スウェーデン、スイス、英国

＊中南米27カ国——アンティグア・バーブーダ、アルゼンチン、バルバドス、ベリーズ、ボリビア、ブラジル、チリ、コロンビア、コスタリカ、ドミニカ、ドミニカ共和国、エクアドル、グレナダ、グアテマラ、ガイアナ、ホンジュラス、メキシコ、パナマ、パラグアイ、ペルー、セントクリストファー・ネイビス、セントルシア、セントヴィンセントおよびグレナディーン諸島、スリナム、トリニダード・トバゴ、ウルグアイ、ベネズエラ

（２０１３年5月現在）

出　典：ICC(International Criminal Court)-The States Parties to the Rome Statute
http://www.icc-cpi.int/en_menus/asp/states%20parties/Pages/the%20states%20parties%20to%20the%20rome%20statute.aspx

関です。条約とは、国家と国家の約束事です。国際刑事裁判所は、各国がＩＣＣ規程において合意した範囲内でしか、自由に活動することができないのです。したがって、合意していない国家の中で起きた重大な人権侵害を、国際刑事裁判所独自で捜査し裁判をすることはできません。

また国際刑事裁判所が十分に機能するためには、証拠の収集、被疑者の逮捕及び引き渡し、取り調べ、被害者や証人の保護、被害者への補償などの各分野において、各国の協力が必要不可欠です。とくに被疑者の逮捕などは各国の協力なしには不可能です。国際刑事裁判所に参加している国についてはＩＣＣ規程上に協力義務が定められています。しかし、参加していない国の中にたとえば国際刑事裁判所の活動に非協力的な国、活動を妨害する国があると、そうした国に被疑者が逃げ込むことが可能になってしまいます。国際刑事裁判所が国際社会において正義や平和を実現するためには、多くの国家の協力が必要なのです。

コラム●国際刑事裁判所が活動できる範囲

国際刑事裁判所が捜査や裁判をできる権限のことを「管轄権」といいます。たとえば、「その事件については、国際刑事裁判所には管轄権がないので、捜査できない」といったようにつかいます。

ICC規程によれば、国際刑事裁判所は、重大な人権侵害が発生した以下のようなばあいに管轄権をもちます。

１　国際刑事裁判所の検察官が独自に捜査を開始するばあい

２　国際刑事裁判所参加国が、国際刑事裁判所の検察官に事件を任せたばあい

これらについては、国際刑事裁判所参加国で人権侵害がおこなわれたばあい、または国際刑事裁判所参加国の国民が人権侵害をおこなったばあいに、国際刑事裁判所は管轄権をもちます。

国際刑事裁判所に参加していない国については、人権侵害の起こった国が国際刑事裁判所に事件を任せたばあいか、国連安保理が事件を国際刑事裁判所に任せたばあいに、国際刑事裁判所が管轄権をつかうことができるとされています。

また注意しなければならないのは、何らかの理由で国内では人権を侵害した人を裁くことができないばあいにおいてのみ、国際刑事裁判所が管轄権をもつという点です。基本的には当事者の国の裁判が優先されます（補完性の原則）。

第8章
国際刑事裁判所が裁く4つの罪

国際刑事裁判所が取り扱う4つの罪

第1章~第7章まで、さまざまな人権侵害の具体例や、これまでに人権が大きく脅かされてきた歴史をふり返り、国際刑事裁判所が誕生するまでを見てきました。では国際刑事裁判所が扱う犯罪とは具体的にどのようなものなのでしょうか。

その内容は、ICC規程（第5条）でつぎの4つの犯罪に分けられ定義されています。

1 戦争犯罪
2 人道に対する罪
3 ジェノサイドの罪
4 侵略の罪

これまで見てきた歴史的な犯罪や、第1章で紹介した事例などが今後起きたとき、また重大な人権侵害が起きたとき、4つの罪のいずれかに事例をあてはめ、それらすべてを取り締まることができるように国際刑事裁判所がこの4つの罪を定義しました（戦争犯罪では裁けない犯罪事例も、人道に対する罪なら裁くことができるなど、それぞれの罪がほかの罪で裁けないことを代わりに裁くなどして互いを補いあう関係でもあります)。

しかし、４つの罪の定義は、それぞれに特徴があると同時に弱点もあります。図表⑥を見てみると、「戦争犯罪」と「人道に対する罪」の大きな違いは、その犯罪が「戦時(戦争時─戦争の最中)に起こったのか、平時(平常時)に起こったのか」ということです。

また、「戦争犯罪」が主に個々の意思によっておこなわれた行為を対象とするのに対し、「人道に対する罪」は組織的に、かつ多くの人の命を奪うような、より大規模で、広範囲にわたるような行為を対象とします。

「ジェノサイドの罪」については、戦争状態であるかどうかに関わらず、一度にたくさんの人が殺害されたときなどに適用されます。

「侵略の罪」は、これまでの３つの罪とは異なり、裁く対象が個人ではなく、国家の責任者であるばあいです。主に、ある国がほかの国から侵略をされたときなどにこの罪が適用されます。

ではそれぞれの罪について、よりくわしく特徴を見ていくことにしましょう。

図表⑥　４つの罪の違い

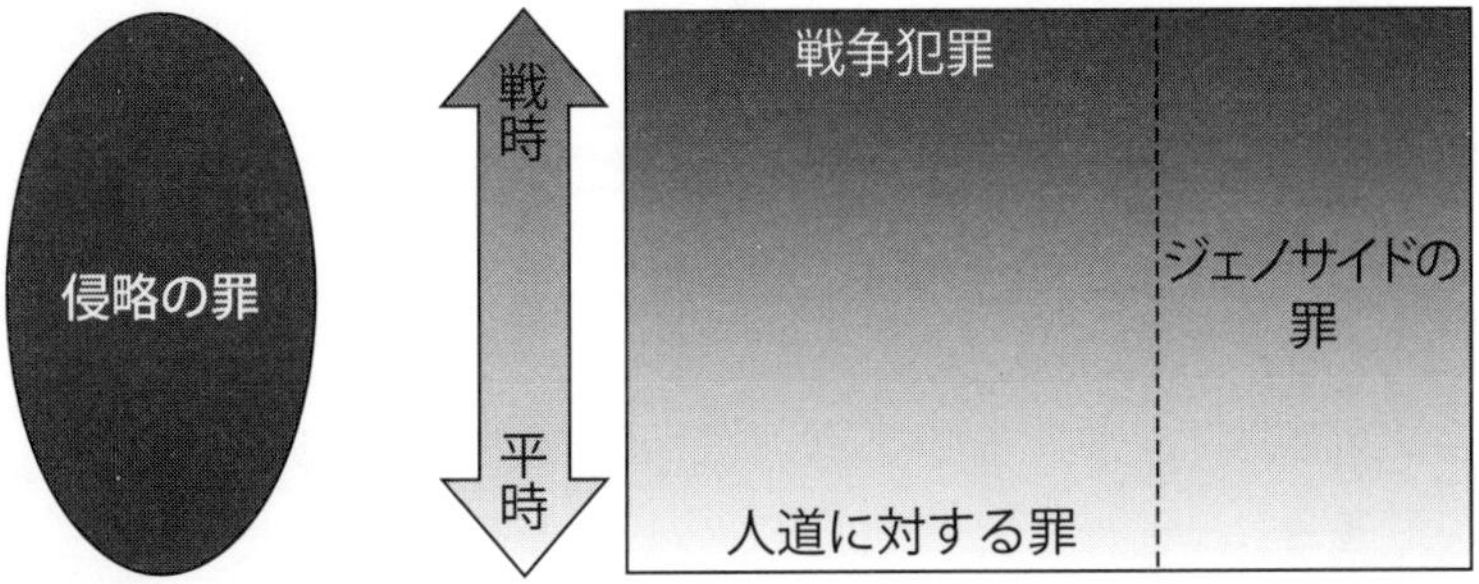

作成者：国際人権法チーム

「戦争犯罪」

近代になって、使用してはならない攻撃方法を定めたルール（ハーグ陸戦条約*）や、民間人（一般の人）や学校、病院などを攻撃してはいけないというルール（ジュネーブ諸条約*）などが国際的につくられ、それらのルールに違反することが「戦争犯罪」とされてきました。なお、それらの違反は自国の裁判所によって裁かれてきました。

そして第2次世界大戦後のニュルンベルグ裁判・東京裁判ではじめて、「戦争犯罪」が国際法廷の場で国際法違反として裁かれました（第4章参照）。

そして21世紀になって創設された国際刑事裁判所は、「戦争犯罪」を裁くうえでいくつかの重要な進化を遂げました。

●国際刑事裁判所で扱われる主な「戦争犯罪」（一部）

国際刑事裁判所において「戦争犯罪」にあたる主な行為はつぎの図表⑦のとおりです。

これらの行為は、国と国の戦争行為や武力紛争だけではなく、国内の武力紛争*でおこなわれたばあいでも「戦争犯罪」になります。「戦争犯罪」はこ

***ハーグ陸戦条約**：オランダのハーグで開催されたハーグ平和会議で採択された多国間条約。正式名は「陸戦の法規慣例に関する条約」で、戦時の国際法の1つ。1899年締結。1907年改正。

***ジュネーブ諸条約**：71ページ参照。

***国内の武力紛争**：政府軍と反政府勢力との戦闘、または反政府勢力同士の戦闘など。

***無防備地域**：紛争時に、紛争国の「適当な当局」が、管轄下の該当地域が無防備であることを宣言し、相手国に通知する。その結果、その地域に対する攻撃は禁止され、住民の生命・財産が戦火から守られる。

れらの行為をおこなった個人を裁き、有罪であれば処罰をくだします。

ただし、国内で起きたすべての武力行為に対して常に「戦争犯罪」が適用されるわけではありません。たとえば、国内紛争とはいえないクーデターや暴動のような内乱で起きた犯罪、あるいは武力紛争とは関係ない個人的な暴力行為には「戦争犯罪」は適用されません。

●これまで「戦争犯罪」とされなかったもの

「ジュネーブ諸条約」（第一追加議定書）で裁くべき「戦争犯罪」とされたものでも、つぎのように国際刑事裁判所では「戦争犯罪」にあげられていないものがあります。

・無防備地域*や非武装地帯への攻撃

・捕虜または一般市民の返還を不当に遅らせること

化学兵器の使用については国際刑事裁判所ができたときには「戦争犯罪」とされていませんでしたが、２０１０年に改めて見直しをおこなった際に、新たに「戦争犯罪」の対象となりました。

●性暴力を「戦争犯罪」とした

国際刑事裁判所が国際的・国内的武力紛争を問わず性暴力（強かんなど）

図表⑦　国際刑事裁判所で扱われる主な「戦争犯罪」

負傷した兵士、負傷あるいは難破した船員、戦争の捕虜、民間人など国際条約によって保護されている人に対する暴行、傷害、虐待、殺人、拷問、人体実験、略奪、強かんなどの性暴力、追放など
寺院、学校、病院など軍事目標でない建物への攻撃
赤十字や赤新月（主にイスラム教国で赤十字の代わりにつかわれる三日月のマーク）などのマークを用いる建物に対しての攻撃
15歳未満の子どもの軍隊での使用や募集（子ども兵士）
(2010年６月新たに追加) 健康に重大な被害をもたらす毒や有毒兵器の使用、窒息性または有毒なガス、液体、物質や装置の使用、体内で砕け散る弾丸の使用が新たに加えられました。

※これ以外にもたくさんの行為が「戦争犯罪」としてリストアップされています。　作成者：国際人権法チーム

を明確に「戦争犯罪」としたことは注目すべきことです。

なぜならば、それぞれの国が性暴力の加害者を裁くことは、これまで義務として課されていなかったからです。戦争時においては、女性に対する性暴力*が重大な人権侵害だという意識が薄く、きびしく処罰しなければならない犯罪行為とは考えられていませんでした。

旧ユーゴスラビア国際刑事法廷（ＩＣＴＹ）、ルワンダ国際刑事法廷（ＩＣＴＲ）で女性に対する暴力が犯罪としてはじめて認識されるようになり、それが国際刑事裁判所にも受け継がれてきました。

また近年、性暴力の被害を訴え、裁きを求める女性たちの粘り強い声*によって、紛争下の性暴力は女性の尊厳と身体への攻撃で、裁くべき「戦争犯罪」であるという認識が高まったことも、国際刑事裁判所で裁くべき国際的な犯罪と認められるようになるきっかけとなりました。

●子ども兵士を使うことは「戦争犯罪」にあたる

さらに、15歳未満の子どもを軍隊で使用することや子ども兵としてかり出すことが「戦争犯罪」と定義されたことも大きな前進です。これにより、15歳未満の子どもを軍隊で使役した者、募集を指揮・実行した者を処罰するこ

＊**戦争時の女性に対する性暴力**：これまで戦時の性暴力については、戦争のルールをはじめて明文化した1863年のリーバー法で強かんを禁じたことに始まり、戦争法を発展させた1874年ブリュッセル宣言には、「家族の名誉と権利は尊重されなければならない」と定められている。女性への暴力が家族の名誉を傷つけるものという考え方はすでに時代遅れではあるが、この条項は女性を強かんや拷問、売春の強制から守る根拠として広く受け入れられている。なおハーグ陸戦条約の付属書である「陸戦の法規慣例に関する規則」第46条でも、「家族の名誉と権利は尊重されなければならない」とくり返され、紛争下での女性の保護が定められてきた。

＊**女性たちの粘り強い声**：たとえば、日本軍のおこなった性奴隷制被害を訴えるサバイバーたちの証言は、紛争における性暴力の問題に国際社会がとりくむ大きなきっかけとなった（アムネスティ・インターナショナル報告書「60年を経てなお待ちつづける　日本軍性奴隷制のサバイバーに正義を」参照）。

とができるようになりました。

「ジュネーブ諸条約」の２つの追加議定書（１９７７年）などでも、15歳未満の子どもを軍隊で使用したり募集したりすることは禁止されていましたが、各国にはその実行者を裁く義務はなかったので、事実上野放しとなっていました。

●内戦にも「戦争犯罪」を適用する

先に少し述べましたが、本来「戦争犯罪」が適用される戦争とは、国と国との争いを指していました。そのため一国内で武力紛争、つまり内戦が起きたとき、また紛争中に国際的なルールの違反*が起きたとき、その犯罪が「戦争犯罪」にあたるかが不明確でした。

これを受け国際刑事裁判所では、内戦時にルールに違反することも「戦争犯罪」にあたると明記しました。これは国際刑事裁判所よりも前に設立されたＩＣＴＲ（81ページ参照）の成果などが、大きな後押しになったからです。

ＩＣＴＲはルワンダ国内のみで起きた虐殺を対象として、他国との戦争ではなく国内での紛争（＝内戦）で起こった人権侵害を裁きました。これは、

＊国際的なルールの違反：ジュネーブ４条約共通三条及び第二追加議定書より。

内戦時における国際的ルール違反の裁き方について明確にしたことで、これまでの裁判とくらべると大きな進展でした。ＩＣＣ規程ではそうした進展を受け継ぎ、内戦時の行為についてもはっきりと「戦争犯罪」であるとして、処罰をより確実なものにしました。

「人道に対する罪」

●「人道に対する罪」にあたる犯罪の移り変わりと広がり

「戦争犯罪」が第２次世界大戦後のニュルンベルグ裁判・東京裁判ではじめて裁かれ、その後創設された国際刑事裁判所でさらに進化を遂げたことはすでに述べました。そして「人道に対する罪」もまたニュルンベルグ裁判・東京裁判で適用され、その考え方は国際刑事裁判所について定めたＩＣＣ規程により、さらに発展を遂げています（図表⑧）。

●「ＩＣＣ規程」で定めている「人道に対する罪」

「ＩＣＣ規程」（第７条）では「人道に対する罪」として11の行為を定めています。

図表⑧　「人道に対する罪」の歴史的な変化

変化したポイント／時の流れ	紛争下での組織的な性暴力	「戦争」というものの定義の変化─戦争や武力紛争と「人道に対する罪」との関連性が問われなくなった。	どのような行為が「人道に対する罪」にあたるかがより詳細に規定された。
ニュルンベルグ裁判・東京裁判	不処罰 性暴力が重大な犯罪であるという認識が国際社会にとぼしかったため、「人道に対する罪」として裁かれることがなかった。	戦争というと「国と国との争い」という考え方を適用し、第２次世界大戦中（国同士が争っていた期間）にかぎって裁判がおこなわれた。	具体的にどのような行為が罪にあたるか、ざっくりとしか定義されていなかった。
歴史的経緯 「旧ユーゴスラビア国際刑事法廷 (ICTY)」、「ルワンダ国際刑事法廷 (ICTR)」	性暴力が「人道に対する罪」であるとはじめて明記された。 これらの特別法廷では性暴力の加害者に対して有罪判決が出た。	これまでの戦争の定義からすると、「国と国との争い・武力紛争」ではないが、実際に「人道に対する罪」が犯されているとして、戦時下や紛争時ではなく、また国家間の武力紛争ではなくとも「人道に対する罪」が裁かれた。	「旧ユーゴスラビア国際刑事法廷」「ルワンダ国際刑事法廷」では、「人道に対する罪」として「監禁」「拷問」「強かん」が追加された。
ICC 規程	「人道に対する罪」にあたるとして重大な人権侵害と認められた。	紛争との関連性という条件が取りのぞかれることで、より柔軟に人道に対する罪を適用し、加害者を処罰できるようになった。	「強制失踪」（ある日突然何者かに拉致されてしまうこと）、「アパルトヘイト犯罪」（たとえば、肌の色によって住む地域を強制することなど）が追加された。

作成者：国際人権法チーム

①殺人
②絶滅させる行為（村人を皆殺しにするなど直接的な攻撃のほか、食料や医療品を手に入れる手段を奪い、生活方法を一方的に押しつける間接的な行為も含む）
③奴隷化すること
④住民の追放または強制的に移住させる
⑤投獄・拘禁その他身体の自由を奪う行為
⑥拷問
⑦性暴力（強かん・性的奴隷化やその他の重大な性暴力）
⑧迫害
⑨強制失踪
⑩アパルトヘイト犯罪
⑪そのほかの非人道的な行為

ただし、これらにあてはまる行為がおこなわれたとして、必ずしも「人道に対する罪」にあたるとはかぎりません。少し複雑なのですが、「人道に対する罪」によって加害者を裁くには、同時につぎの4つの条件が満たされることも必要です。

条件①：これらの行為が「民間人に向けられていること」。

兵士に対して前述の11の行為をおこなったとしても、「人道に対する罪」は適用されません（兵士に拷問などをおこなったばあいには「戦争犯罪」にあたります）。なお、行為の対象を民間人としていることから、戦争中にかぎらず日常生活の中でも適用することができます。

条件②：これらの行為が「広い範囲での攻撃、また系統的な攻撃の一環として」おこなわれること。

いくつかの殺人や強かんなどの事件がそれぞれ、ばらばらに起こったとして、それは「戦争犯罪」にはなりますが「人道に対する罪」にはあたりません。多くの民間人が被害にあうことを見越して、軍隊や民兵などが組織的に、また計画的に11の行為のいずれかをおこなったときにのみ「人道に対する罪」が適用されます。

条件③：行為をおこなう者が「広範な攻撃または系統的な攻撃の一環だと（※前条件②参照）知りながら」行為に及ぶこと。

「知りながら」といっても、国家や組織の作戦や計画のすべてを知っている必要はありません。軍隊や組織の活動の一部として攻撃をおこなっていることを意識していればその条件を満たします。

条件④：行為が「国や組織の政策に従うか、政策を維持するために」おこなわれること。

国家の機関が直接犯罪行為をするばあいや、国家の機関がその行動をあおったり、同意したり、または黙認することによって暗殺団のような組織、または反政府武装勢力などが組織の方針として11の行為に及ぶばあいに適用されます。

つまり、個人が戦争時にそれぞれの考えで犯した行為を裁く「戦争犯罪」とは異なり、個人であるかどうか、戦時中あるいは紛争の最中であるかに関わらず、大規模かつ組織的に戦争や紛争を起こした国家の機関や反政府武装勢力の指導者、指揮官個人を直接裁くことができるのです。

「ジェノサイドの罪」（集団殺害の罪）

ジェノサイド（集団殺害）とは、「国民、民族、種族または宗教団体」などといった集団を「破壊する意図」をもっておこなわれる残虐な行為のことを指します。ここでいう「破壊」は、攻撃対象の集団を全滅させるとまでいかなくても、集団に対して深刻なダメージを与えることも含まれます。つまり、具体的な殺害行為をともなわなくとも、その集団に対して攻撃する意図をもって残虐な行為に及べば、「ジェノサイドの罪」が成立するのです。

「ローマ規程」（第６条）がジェノサイド（集団殺害）として定義し、禁止している残虐行為はつぎのようなものです。この規定は国連の「ジェノサイド条約*」の規定を引き継いだものです。

①集団を構成している人びと（構成員）を殺害すること（殺人）
②集団の構成員に対して重大な身体的または精神的な危害を加えること（強かんなどの性暴力、拷問など）
③集団の全員または一部に対し、身体の健康の悪化をもたらすことを意図した集団生活の条件を押しつけること（強制隔離、食料や水、必要な治療を与えないなど）
④集団内の出生を妨げることを意図した措置を課すこと（強制的な不妊手術など）

＊**ジェノサイド条約**：正式名称は「集団殺害罪の防止及び処罰に関する条約」。１９４８年12月国連総会採択、１９５１年1月12日効力発生。集団殺害を国際法上の犯罪とする。またそれを防ぐこと、処罰の方法を定めるために採択された条約。ジェノサイド（「種族（genos）」と「殺害（cide）」の合成語）を定義し、前文及び19条で成る。ＩＣＴＹやＩＣＴＲもジェノサイド条約の規定を引き継いでいる。

⑤集団の子どもをほかの集団に強制的に移すこと

「侵略の罪」

●「平和に対する罪」*が「侵略の罪」として引き継がれたわけ・その歴史

「侵略の罪」とは、第2次世界大戦後に日本やドイツの侵略戦争の責任者を裁いた「平和に対する罪」を引き継いだものです。

第2次世界大戦後に「平和に対する罪」を犯したとして、戦争の責任者が裁かれました。その後、ニュルンベルグ裁判で使用された諸原則（53ページ参照）で「平和に対する罪」が国際的な犯罪とされ、個人の刑事責任を問うことが確認されました。

ただニュルンベルグ裁判や東京裁判では、「侵略の〝定義〟」（「侵略の罪」とは、どのような行為を指すのか？）が国際軍事裁判所条例や判決にも具体的には示されませんでした。また後のニュルンベルグ諸原則（62ページ参照）も、ナチスドイツの行為が戦争を制限した不戦条約に違反すると書かれただけで、「侵略」とはどのような行為を指すのか不明確でした。

*平和に対する罪：国際社会のルール（国際法）に違反して他国に対する戦争の計画に参加し、準備や実行に関わった国家の指導者たちを国際犯罪の加害者とするもの。国家としておこなった戦争であっても、それを担った戦争指導者層を、「個人に責任がある」として追及した。

その後国際社会は、再びおなじような事態が発生した際に侵略行為を裁けるように、新たな犯罪を定める必要がありました。しかしそのためには、先に述べた「侵略の〝定義〟」を明確に定める必要があったのです。

また、第２次世界大戦後に生まれた国連憲章では、武力行使は原則的に禁止されました。それは、自衛や集団的自衛権に基づく武力行使が例外として認められたからです。この結果から、許されない武力行使としての「侵略」とは何かを明確にして侵略行為の責任者（国家の指導者など）を裁けるよう、かつての「平和に対する罪」に代えて新しい「侵略の罪」をつくる必要がいっそう出てきたのです。

この課題に対して、国際社会は国連総会において「侵略の定義に関する決議」を採択するなどのとりくみをおこないました。同決議によると「侵略」とは、ある国が他国へ軍事的に侵攻し武力攻撃を加えること、他国の領域を軍事占領すること、他国の領域を武力行使により自国の領土にすることなどとされています。しかし国連総会決議には法的な拘束力がなく、この決議だけでは問題が解決されませんでした。

そこで国際刑事裁判所では侵略行為を裁くために「侵略の罪」という対象

犯罪を設けました。しかし、ICC規程への「侵略」の定義は明確に定められないままスタートしたのでした。

●「侵略の罪」の定義決定～「侵略の罪」を裁く道がひらかれた

２００2年にできた国際刑事裁判所は、その7年後に規程の見直しをするとしていました（規程１２３条）。しかし実際には、8年後の２０１０年5月31日から6月10日にかけてウガンダ共和国でICC規程の検討会議が開催されました。そして11日、ついに「侵略の罪」に関して規程を改正する決議が採択されました。

改正により、「侵略の罪」はようやくつぎの2つに定義されました。

①侵略の罪：国による政治的、軍事的行動を事実上支配、または指揮することのできる地位にいる人による、重大で、また大きな規模によって国連憲章の明らかな違反であると判断される侵略行為の計画、準備、開始、または実施をすること。

②侵略行為：一国の主権、領域や政治的独立に対して、そのほかにも国連憲章に反するような軍事力を行使すること。

侵略行為の具体例

・ある国が他国の領域へ侵入すること。また軍事力によって攻撃、侵攻、あるいはそれに続く武力をともなった占領（他国の一部、またはすべて）、または併合すること。
・ある国が軍隊により他国の領域に対し砲撃、爆撃をすること。また、国自体が武器の使用を認めること。
・ある国が他国の港や沿岸を軍隊によって封鎖すること。
・ある国の軍隊によって他国の軍隊を攻撃すること。
・ある国の軍隊を受け入れることを約束した他国の軍隊を、もともとの合意の内容と異なる条件で利用する、あるいは合意が終了した後も軍隊を延長して留め続けること。
・ある国が他国に対して侵略をおこなうために、さらにほかの国の領域を使用すること。
・これまでのような行為に相当するような重大な武力行為を他国に対し実行した武装した集団、団体、非正規兵、またその兵士を派遣した国。

＊どの行為も１９７４年の国連総会決議３３１４であげられた行為をもとに定められた。

●ふり返り：第1章のケースを4つの罪にあてはめてみよう

ここで、第1章のケースを4つの罪にあてはめてみます。いくつかの重大な人権侵害のケースが出ていましたが、それらのケースがいままで出てきたどの犯罪にあてはまるのか、考えてみましょう。

じっさいに第1章の事例をそれぞれの罪にあてはめてみると、図表⑨のようになります。

ここで大切なのは、第8章のはじめでも書きましたが、重大な人権侵害の事件が起きたとき、そのすべてがこの4つの罪の網に入り公正に裁かれるように、国際刑事裁判所がつくられたということです。

また「慰安婦」制度のケースのように、1つではなく複数の罪にまたがることもあります。

第9章では、これらの罪を国際刑事裁判所ではどう捜査して、どのように裁いていくかを見ていきます。

図表⑨　第１章のケースを４つの罪にあてはめてみよう

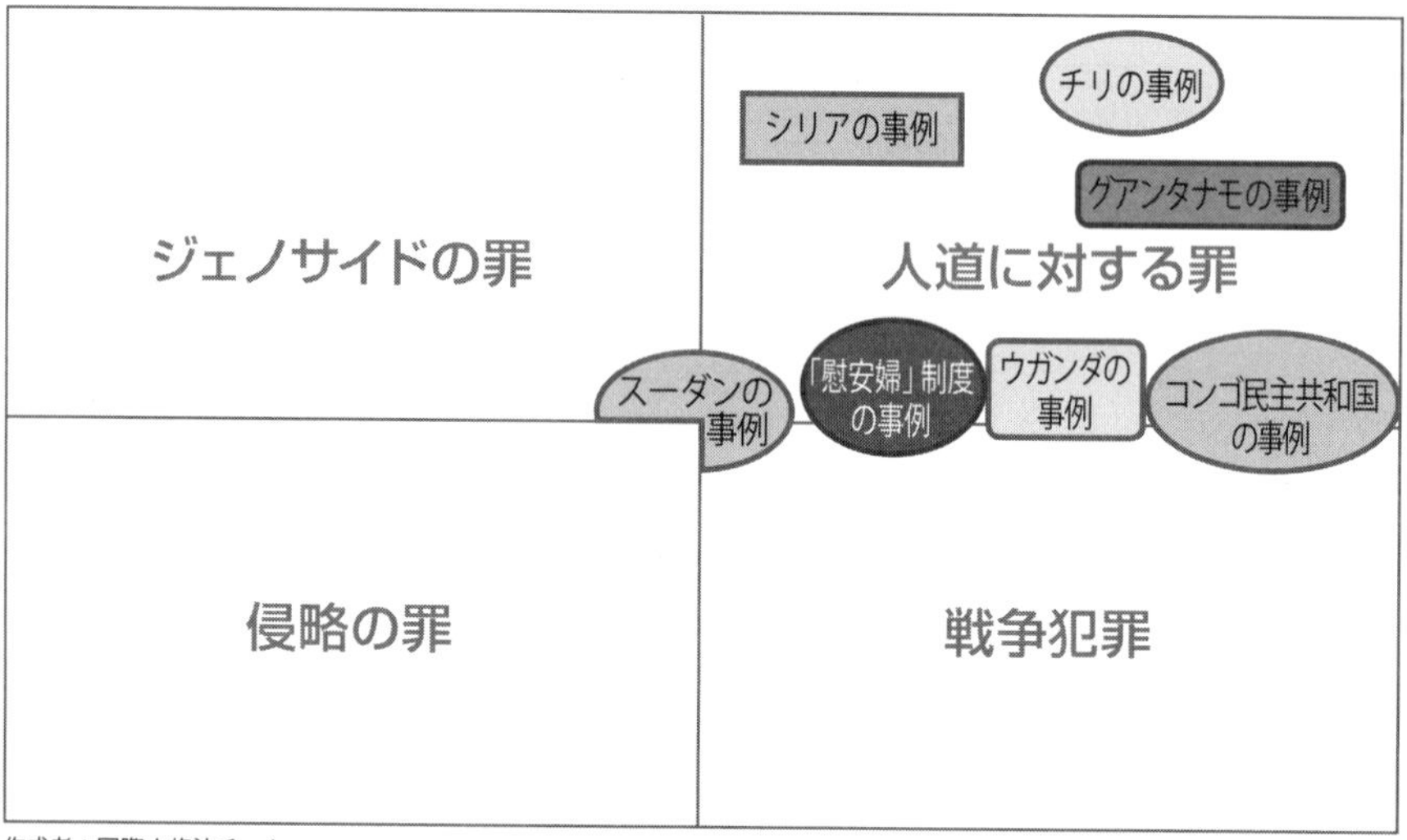

作成者：国際人権法チーム

第9章
裁くのはだれ？　どうやって裁いているの？

ここまで、国際刑事裁判所がどのようにして生まれ、どのような犯罪を裁くのかを紹介してきました。この章ではさらに、国際刑事裁判所では、どんな流れで、だれがどのようにして、だれを裁くのかを説明します。

被害の通報から刑の執行まで

①調査の開始

国際刑事裁判所に「ジェノサイドの罪」「人道に対する罪」「戦争犯罪」「侵略の罪」にあてはまる事件が起こったという情報が入ることにより、調査が開始されます。そのきっかけは大きく分けて、以下のとおり3つあります。

・被害者本人や家族、各国の政府から通報されるばあい
・国際連合安全保障理事会（国連安保理）あるいは各国の政府から事件が申し立てられるばあい
・検察官による自発的な調査が開始されるばあい

②調査

通報や申し立て、あるいは調査開始のための情報提供を受けた国際刑事裁判所の検察官は、国際機関や関係各国、さまざまな政府間組織やＮＧＯなどの協力で必要な情報を集めます。そして捜査を正式に開始するために、以下のいずれかにあたると判断したばあいはつぎの手続きに進みます。そうでないばあいには調査は終了となります（ただし、新たな事実や証拠が出たばあい、検察局は調査の再開を検討できます）。

・第８章１０６ページの「４つの犯罪」のいずれかに該当するばあい
・国際刑事裁判所が管轄権をもつばあい（１０３ページ参照）
・その国の裁判所で裁かれる見込みがないばあい

③捜査

捜査を正式におこなう合理的理由があると判断したばあい、検察官は捜査の開始を決定します。検察官は、事件が起きた国や事件に関係している国に対して通知をして捜査協力を依頼します。証人の保護、証拠の破棄や犯人の逃走を防止するため、必要に応じて検察官は情報の公開を制限します。

検察局職員と書記官からなる捜査チームが現地へ出向いて事務所を開設し、自治体の関係者やＮＧＯの代表などとの会議をおこない捜査を開始しま

図表⑩　国際刑事裁判所の調査から刑の執行までの流れ

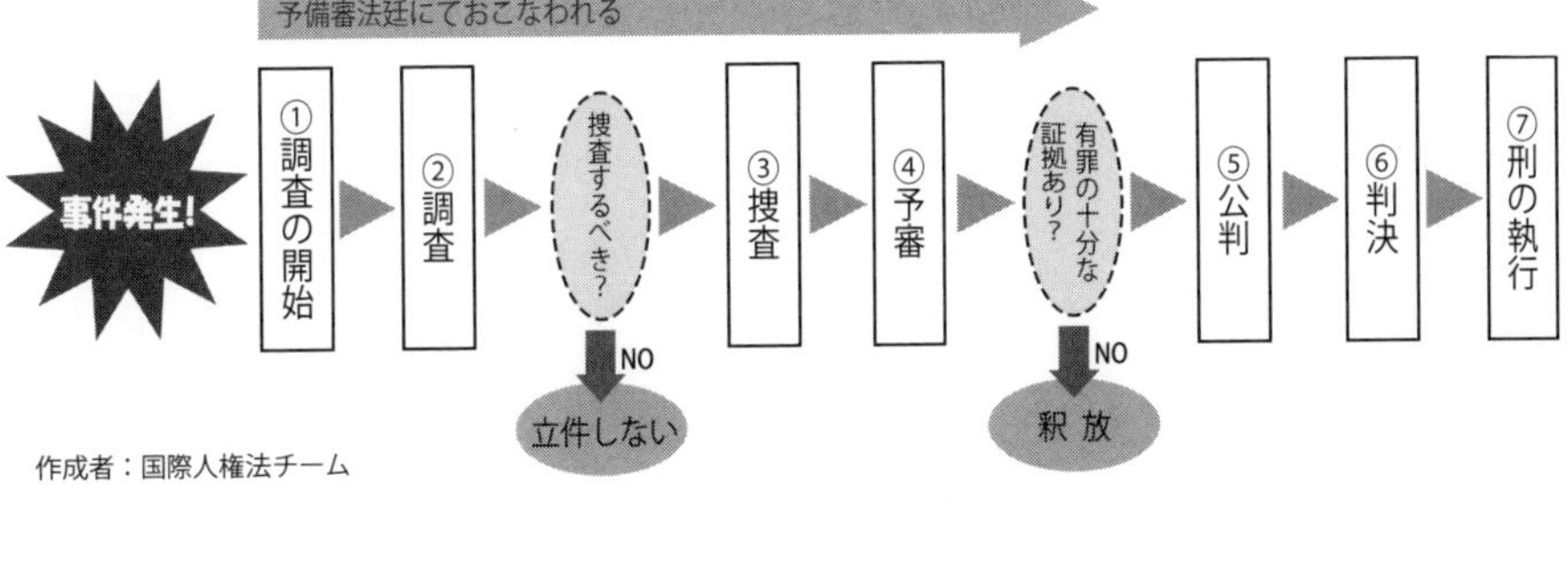

作成者：国際人権法チーム

す。ときにはホテルも水もない砂漠に水とテント、衛星通信設備とパソコンをもち込み、各地域の通訳をともなって、虐殺などを免れた被害者の証言を集めます。証人が国際刑事裁判所に協力していることが加害者に知られたばあい、さらなる犯罪が起こる可能性があります。そのため、捜査はときとして極秘におこなわれ、ほぼ毎日、宿泊場所を転々と移動することもあります。証拠を検討して容疑に十分な根拠があると判断したばあい逮捕令状を出しますが、国際刑事裁判所は自前の警察機構をもっていないので、関係国や国際機関に被疑者の逮捕と引き渡しを要請します。

④予審

逮捕された被疑者は検察局の取り調べを受け、検察官は被疑者が犯罪をおこなった事を証明する十分な証拠があるかどうかを検討します。検察の検討の結果を受けて、裁判官たちは正式な裁判審理を開始するかどうかを判断します。これを「予備審法廷*」といいます。

つぎの手続きに進むと、「予備審法廷」に属さない裁判官から構成される第一審法廷が設置され、審理が開始します。そうでないばあいは、被疑者は釈放され、事件の捜査は終了となります。

＊**予備審法廷**：第一審の前に、当該案件を審理するための証拠を判断する手続きを予備審理といい、このための審理がおこなわれる法廷のこと。

⑤公判

国際刑事裁判所の法廷では、証人や被告人の証言が英語またはフランス語で、裁判官、検察官、弁護人の机の上にあるパソコンの画面に表示されるシステムが導入されています。2階には同時通訳ブースがあり、インターネットで法廷の模様をリアルタイムに全世界に放送する準備が進められています。

⑥判決

裁判は二審制で、被告人は一審の判決が不服なばあい、第二審に上訴してさらに審理を求めることができます。無罪の判決が出たばあい、被告人は釈放されます。

刑罰は「罪刑法定主義*」の原則によっておこなわれます。「法律なくして刑罰なし」という原則で、どの罪にどのような刑罰を加えるのかがあらかじめ定められています。たとえばおなじ犯罪に対する刑罰が、裁判官によって大きく異なったのではとても信頼できません。「罪刑法定主義」は公正な裁判所であるための重要なルールなのです。

＊**罪刑法定主義**：どのような行為が犯罪となり、それに対してどんな刑罰が科されるかは、事前に法律で定められていなければならない、という原則のことをいう。

⑦刑の執行

有罪が確定すると、刑の執行を関係各国へ要請します。国際刑事裁判所は刑務所をもっていないので、「自分の国の刑務所をつかってよい」という意思表示をした国の中から選んで、その国に刑の執行を依頼します。

刑務所は、国際的な人権のルール（拷問や虐待は許されないなど）を守るよう定められています。重大な犯罪をおこなった人だからといって、何をしても許されるということではありません（図表⑩）。

裁判官はどんな人？

国際刑事裁判所の裁判部門は裁判官18人で構成されています。２０１３年12月現在、18人の裁判官の出身地域の内訳は、アジア３人、アフリカ４人、欧州８人、南米が３人となっています。18人の裁判官は、参加国による会議（加盟国会議）で投票によって選ばれますが、ＩＣＣ規程によって３つの資格要件が決められています。

第１―法律の専門家であること。とくに、「ジェノサイドの罪」や「人道に対する罪」などの犯罪を裁くために必要な法律（刑事法や国際人権法、国際人道法など）の専門家であること。
第2―こうした法律問題に実際にとりくんだ実務経験があること。
第3―女性や子どもに対する暴力問題への知識や実務経験をもっていること。

また、世界の法制度にはさまざまな種類があります。そのうち、以下の3つの系統は、多くの国ぐにで採用されています。
第1―英国や米国でつかわれている英米法＊
第2―ヨーロッパで主につかわれている大陸法＊
第3―中東などでつかわれているイスラム法＊

国際刑事裁判所で裁判官を選ぶばあいには、これら3つの法制度の専門家のバランスをはかり、さらに男性と女性のどちらかにかたよってはいけないと決められています。また、世界各地の犯罪を扱うので、特定の地域にかたよらず裁判官を選ぶように定められています。

ＩＣＣ規程批准後、日本からも裁判官が選出されています。

＊**英米法**：英国で発展し、米国その他に受け継がれた法体系。コモン・ローともいう。大陸法と並んで現在の世界における2大法体系の1つである。大陸法との違いは、ローマ法の影響をかぎられた範囲でしか受けなかったという点にある。

＊**大陸法**：ドイツ、フランスなどを中心とするヨーロッパ大陸諸国の法。シビル・ローとも呼ばれる。ローマ法を共通の起源としており、英米法に対置される。日本の近代法体系は、主に大陸法にならっている。

＊**イスラム法**：98ページ参照。

裁かれるのはだれ？

国際刑事裁判所が裁くことができるのは、原則として国際刑事裁判所に参加している国の国籍を有する被告人にかぎられます。ただし、国際刑事裁判所に参加している国で起こった重大な人権侵害のばあい、被告人の国籍に関係なく、さらに国家元首、大統領、首相、大臣といった社会的・政治的な地位に関係なく個人を裁くことができます。

捜査するのはだれ？

事件の捜査を担当するのは検察局で、犯罪捜査の専門家が捜査活動をおこないます。現地調査をして証拠を集め、その事件を起訴するかどうか独自に検討します。検察局は、外部からの妨害や圧力によって捜査・判断がねじ曲げられることのないように、独立性が重視されています。

検察局のトップに立つのは検察官で、裁判官とおなじように「加盟国会議」での投票によって選ばれます。裁判官のときとおなじくきびしい選任条

国際刑事裁判所の検察官　ファトゥ・ベンソーダさん。©Heinrich-Böll-Stiftung

件があります。この検察官の下で、次席検察官をはじめ、検察局の機能を分担する職員が活動しています。

現在の検察局のトップは、ファトゥ・ベンソーダさんで、アフリカのガンビアにて検察官として勤務し、検事総長及び法務大臣を務めた後、２００４年８月に国際刑事裁判所第３回締約国会議において次席検察官に選出されました。その後、２０１１年12月、国際刑事裁判所の第10回締約国会議において国際刑事裁判所の検察官に選出され、２０１２年６月に正式に就任しました。

被告人の弁護はだれがするの？

世界各国の弁護士たちは国際刑事裁判所をサポートするため、２００２年に「国際刑事弁護士会」＊という組織をつくり、国際刑事裁判所で起訴された被告人の弁護や、被害者とその遺族の法的サポートなどの活動を開始しています。

被告人は無料で弁護人を依頼することができると決められています。被疑

＊**国際刑事弁護士会**：２００２年に創設され、オランダ・ハーグに本部がおかれている。国際刑事裁判所における弁護士の独立を守り、被害者と被告人のどちらにも公正な裁判を実現するために活動している。

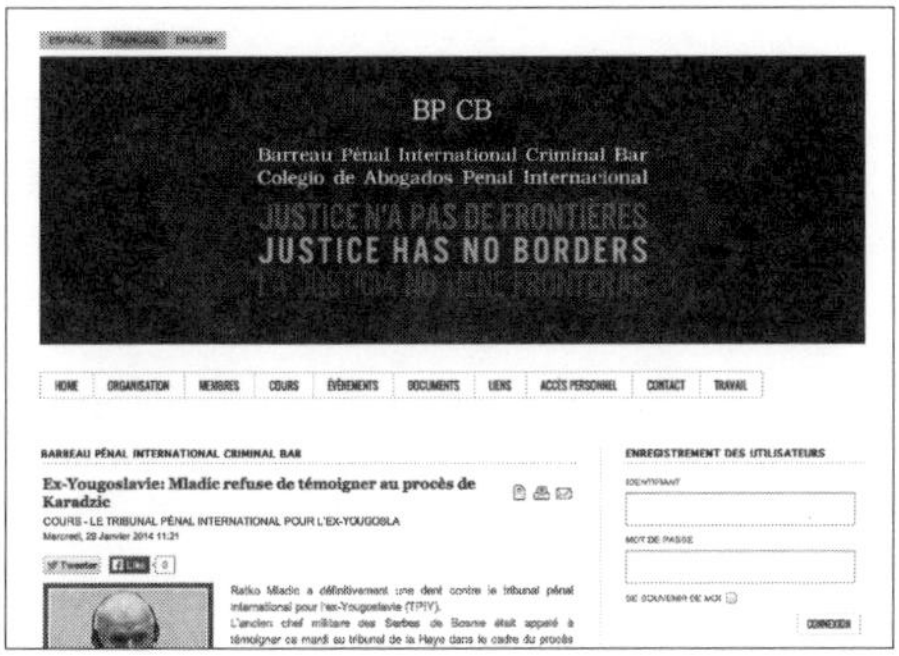

者に対して強引な取り調べがおこなわれないように、弁護人が被疑者の取り調べに立ち会うことが認められ、公正な裁判のために弁護人なしでは裁判は開廷されない決まりになっています。

「被告人は、有罪が証明されるまで無罪である」*という前提で審理が進められます。被告人が犯罪をおこなったことを証明する責任は検察官の側にあり、被告人の弁護人は、検察官の主張がほんとうに正しいかどうかきびしくチェックします。無実の人を間違って有罪にしてしまうことを防ぐためにも、こうした弁護人の活動が必要です。

人権侵害をおこなった加害者の権利を守るというと、まるで悪人の味方をするように思われるかもしれませんが、検察の主張が正しいかどうかチェックし真実を明らかにするためには、こうした弁護人の活動が必要不可欠です。

国際刑事裁判所の中に弁護人の活動をサポートする部局がつくられ、被疑者・被告人の権利を保護する活動を開始しています。ただ検察局とくらべると、弁護人の側に認められているスタッフの数が少ないなどの問題があり、弁護人が十分に活動できるように改善すべきだと指摘されています。

* **「被告人は、有罪が証明されるまで無罪である」**：「無罪推定の原則」と呼ばれ、有罪判決が確定するまでは何人も犯罪者として扱われない権利を有することを意味する。

被害者やその家族を保護し、権利を保障するシステム

被害者やその家族は心や体に深い傷を負っており、裁判に参加することは容易ではありません。また裁判所で直接証言することは、口封じや証言後の報復のおそれもあります。国際刑事裁判所は、こうした被害者本人や家族の問題に対応するために、以下のような進んだ保護・支援システムを採用しています。

①被害者の捜査や裁判への参加――被害者本人やその家族は、裁判のさまざまな手続きに参加して、自分の体験や心境を訴える権利をもっています。

②被害者の保護――被害者の保護をおこなう被害者証人課など複数の部署があり、被害者や家族がかかえる心の傷をやわらげるカウンセリング、被害者のプライバシーや尊厳を守るために捜査や裁判を一部非公開にしたり、被害者や証人が裁判所に出廷しなくても済むビデオ証言の採用などが採り入れられたりしています。

③被害者へのつぐない――裁判所は、被害者やその家族に対してどのような賠償をおこなうかを決定して、刑事判決を宣言した後に賠償命令を出しま

す。賠償する内容は金銭的なものだけでなく、社会復帰や破壊された家の建て直し（原状回復）に加え、被害者やその家族が経済面でも補償されるように、有罪判決を受けた被告人から被害者へつぐないのお金を出させます。しかし、加害者が賠償をするのに必要なお金をもたないばあいもあります。そこで裁判所に被害者のための信託基金を設立し、経済的なサポートをおこなっています。信託基金に組み入れられるのは加害者から徴収した罰金や没収した財産などですが、ほかにも各国政府や国際機関、個人からの寄付金も受け入れています。

もっとも重い刑は終身刑

国際刑事裁判所がくだす刑は、「罪刑法定主義」によって原則として30年以下の拘禁か、罰金を科すというものです。この罰金は被害者へのつぐないにつかわれます。なお、例外的に終身拘禁刑をくだす事ができますが、死刑はありません。終身刑であっても25年経つと、裁判所は刑を短くするべきかどうかを判断するための見直しをおこないます。

図表⑪　世界の死刑存置国と廃止国の地図（2013 年末時点）

全面的に死刑を廃止した国：98 カ国
通常の犯罪に対してのみ死刑を廃止：７カ国
事実上死刑を廃止（10 年以上執行なし）：35 カ国
死刑存置国：58 カ国

世界中で死刑のある国 58 カ国、
廃止国は 140 カ国（死刑を事実上廃止している国を含む）。
世界の７割の国ぐにがすでに死刑を廃止しています。
（2013 年末時点）

出典：アムネスティ・インターナショナル日本

死刑という刑罰を国際刑事裁判所が採用するかどうかについては、大きな議論になりました。

国際刑事裁判所に先立つＩＣＴＹやＩＣＴＲでは、議論の末、死刑は刑罰として採用されませんでした。死刑は、国際人権法上、国が個人の生きる権利を奪う人権侵害であると捉えられています。１９８９年に成立した死刑廃止条約＊が存在するだけでなく、世界的に死刑廃止に向かう動きも強まっています。さらに、死刑はいったん執行されてしまうと、その人の命を取り戻すことは不可能です。そうした問題を考え、最終的に採択された規程では、国際刑事裁判所が適用できる刑罰の種類の中に死刑は含まれませんでした。

しかし、イラク戦争後に設置されたフセイン裁判では、死刑を恣意的に選択しています。死刑を認めるかどうかの議論は、依然として世界的に続いています（図表⑪）。

＊**死刑廃止条約**：正式名称は、「死刑廃止を目指す市民的、政治的権利に関する国際規約第２選択議定書」。

世界死刑廃止大会。写真提供：松浦亮輔

第10章
国際刑事裁判所の限界

２００２年に国際刑事裁判所が大きな期待を受けて動き始めてから、すでに10年が経過しました。人権侵害の加害者に対する裁きを実現するという目的に向けて、一歩進んだことはたしかです。

しかし、ここには多くの課題が山積しています。発足時の政治的配慮によって加えられた制限や現実の国際政治の駆け引きが落とす影、そして、そもそも裁判という形式をとっているがゆえの限界など、国際刑事裁判所の行く手には多くの困難が立ちふさがっています。

過去の犯罪は裁けない

国際刑事裁判所は規程上、２００２年７月の発足よりも前に起こった事件を、過去にさかのぼって取り扱うことはできません。20世紀は戦争の世紀と呼ばれ、世界各地で深刻な人権侵害が起きました。いまもその傷跡に苦しんでいる人びとが大勢います。しかし、国際刑事裁判所はそうした事件を扱うことができません。

ＩＣＣ規程が検討されたとき、過去の人権侵害にどう対応するかは大きな課題でした。しかし、もしも国際刑事裁判所がこうした過去の事例を取り扱うことになると、すでに国際的な問題をかかえている国は参加を拒む可能性が高くなります。参加国が少なくなると、国際刑事裁判所の機能を十分に発揮することがむずかしくなるでしょう。そこで最終的に採択されたＩＣＣ規程は、多くの国の参加を促すためにも、時間的な制限を加えることにしました。過去の事件を裁くためには、国際刑事裁判所とは別のしくみを用意する必要があります。

なお国際刑事裁判所は、そうしたほかのしくみに対して協力をすることがあります。たとえば、第6章で取り上げたシエラレオネ特別法廷に対しては施設の提供をおこないましたし、１９７５年から79年の間に約１７０万人が犠牲になったといわれるカンボジアのポル・ポト政権下での強制労働や大量虐殺を裁くカンボジア特別法廷に対しても協力しています。

乗り越えられない政治的な壁

国際刑事裁判所では人権侵害に対して、それが起こった国の国内法によって対処することを基本とし、それが不可能なばあいにかぎって国際刑事裁判所が事件を管轄するという「補完性の原則」*を採用しています。国内のことに関して責任を負うのはそれぞれの国の政府であるという「主権国家」の考え方に配慮した原則です。すべての重大な人権侵害を国際刑事裁判所が裁くというわけではありません。

実際、世界中で起きるあらゆる重大な人権侵害の責任者を国際刑事裁判所が裁くことは、人手や資金などの面から考えても不可能です。もっとも大切な点は、重大な人権侵害の責任者が公正に裁かれるかどうかです。人権侵害が起こった国の能力や意思を公正に判断し、この目的に沿って有効な行動をとれるかどうかが、国際刑事裁判所に問われています。

各国の思惑の中で、国際刑事裁判所の活動が制限されることがあります。

ウガンダで子ども兵士を徴用したことで訴えられた反政府勢力の首謀者に対する捜査は、ウガンダ政府が反政府勢力との間で免責を条件とした停戦協議に応じたため、停止されています。

コンゴ民主共和国では、国際刑事裁判所がはじめての有罪判決を出しました。しかし、武装勢力のリーダーの中には、隣国ルワンダ国内にかくまわ

＊「補完性の原則」：103ページ参照。

図表⑫　各国で起きた事件の経緯

	事件の経緯
ウガンダ	2003年12月16日、ムセベニ大統領が事件を国際刑事裁判所に対し付託。2004年7月29日、国際刑事裁判所が捜査開始を決定。 2005年7月8日、ジョセフ・コニー氏、ビンセント・オッティ氏、ラスカ・ルクィヤ氏（2006年8月死亡）、オコト・オディアムボ氏、ドミニク・オングェン氏に対し逮捕状発行。逃亡中。
コンゴ民主共和国	2004年3月3日、カビラ大統領が事件を国際刑事裁判所に対し付託。同年6月23日、国際刑事裁判所が捜査開始を決定。 【トマス・ルバンガ・ディロ氏】 2006年3月17日、戦争犯罪容疑で逮捕。2009年1月26日、公判開始。2012年7月10日、有罪判決（懲役14年）。 【ジェルマン・カタンガ氏】 2007年10月17日、人道に対する罪及び戦争犯罪の容疑で逮捕。2009年11月24日、公判開始。2012年11月21日、手続き中断。 【ボスコ・ンタガンダ氏】 2013年3月22日、人道に対する罪及び戦争犯罪の容疑で逮捕。2014年2月10日、予審手続き開始。 【マティーウ・ンゴジョロ・チュイ氏】 2008年2月6日、人道に対する罪及び戦争犯罪の容疑で逮捕。2009年11月24日、公判開始。2012年12月18日、無罪判決。同月21日、釈放。検察局が上訴。 【カリクステ・ムバルシマナ氏】 2010年10月11日、人道に対する罪及び戦争犯罪の容疑で逮捕。2011年12月16日、予審手続き（犯罪事実の確認）の却下決定。同月23日、釈放。 【シルベストレ・ムダクムラ氏】 2012年7月13日、戦争犯罪容疑で逮捕状発行。逃亡中。
スーダン（ダルフール）	2005年3月31日、国連安全保障理事会が事件を国際刑事裁判所に付託。同年6月6日、捜査開始公表。 【アフマド・ハルン氏】 2007年4月27日、人道に対する罪及び戦争犯罪の容疑で逮捕状発行。逃亡中。

出典：ICC (International Criminal Court) - Situations and Cases
作成者：国際人権法チーム

れ、逮捕が実現していない人もいます。ルワンダでは、ルワンダ国際刑事法廷（ＩＣＴＲ）との関係で「ジェノサイドの罪」が確立していますが、同時にルワンダの現政権に批判的な発言をするとその「ジェノサイドの罪」に問われる危険があります。コンゴの政治指導者たちはルワンダ現政権と関係があるため、国際刑事裁判所の捜査の手が及ばないのが現状です。

　スーダンのダルフールの事態は国際刑事裁判所に付託され、その結果バシル大統領＊に対する逮捕令状が出されました。しかし、彼の身柄の確保はおこなわれておらず、その見通しも立っていません。周辺国は各国ともスーダンと外交的な関係があるため、バシル大統領が自国を来訪した際には逮捕すると明言する国は、決して多くはありません。一方でダルフールの状況は、武装勢力による一般住民への攻撃が後を絶たず、依然として解決からは程遠い状態です（図表⑫）。

「侵略の罪」は裁けるのか

国際刑事裁判所では発足時に「侵略の罪」を規定したものの、実際にそ

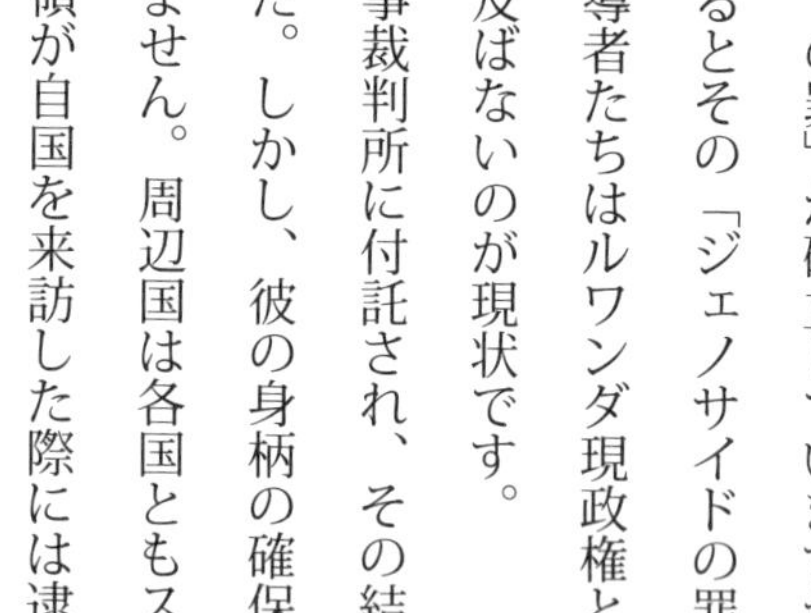

ダルフール紛争で、故郷の村を焼き払われ、難民となった男性。２００３年。©Amnesty International

＊**オマール・バシル大統領**：スーダンの現在の大統領。１９８９年に軍事クーデターで政権を奪い、独裁をおこなう。スーダンの北部地域を優先する非常に不平等な政策を進めたため、国内の経済格差が拡大した。さらに、スーダンの民主化を求める人びとや、北部以外の地域の人びとなど、政権に反対する人びとを暴力で弾圧してきた。２００３年、スーダン西部のダルフール地方で、彼の政権に反対する武装組織が結成され、武装闘争が開始された。バシル大統領は、ダルフール地方の貧しい遊牧民を集め、武器を渡して「民兵組織」をつくらせ、村々を焼き払い、人びとを虐殺させた（第１章で紹介したダルフール紛争）。

の内容は決まっていませんでした。「平和に対する罪」の概念を継承している「侵略の罪」は、侵略戦争を引き起こした国家の政治指導者を対象にするため、国際間の政治的な緊張の結果、議論が先延ばしにされたのです。しかし２０１０年、ウガンダの首都カンパラで開催された締約国会議で、新たに「侵略の罪」が定義されました。

「侵略の罪」は、国連が１９７４年に採択した「侵略の定義に関する決議」で示された定義を用い、侵略行為が計画や準備、実行されたばあいに、その行為を指示した個人、すなわち国家指導者が「侵略の罪」で裁かれるとされています。これにより、他国へ侵略した国の大統領や将軍のような人びとが、国際刑事裁判所で裁かれる可能性が出てきました。

しかし、「侵略の罪」を実際につかって責任者を裁くためには多くの障害があります。

まずＩＣＣ規程の変更は、30カ国が批准をしないと効力が発生しません。さらに２０１７年以降の締約国会合で、いつからこの罪を裁くことができるようにするかを決定するとしています。現在はまだそうした条件を満たしていないため、「侵略の罪」を裁くことはできません。

また現在のＩＣＣ規程で「侵略の罪」に問えるのは、締約国の国内で締約国の国民が起こした行為に限定されています。実際の侵略行為の実情に照らしたばあい、現在のしくみが機能するかどうかという疑問が残ります。

大国の不参加と妨害

発足から10年が経ち、国際刑事裁判所の締約国は１２０カ国以上になっています。しかし、アジア諸国やアラブ諸国の参加が少なく、地域的なばらつきも見られます。米国やロシア、中国は依然として国際刑事裁判所に参加していません。

とくに米国は、クリントン政権時にＩＣＣ規程の起草に関わり署名もしましたが、ブッシュ政権になってからは国際刑事裁判所への敵対的な態度を強め、いまだに締約国とはなっていません。米国の軍人や指導者が国際刑事裁判所に訴追されることを懸念しての行動だといわれています。締約国になろうとする国に対して経済援助を凍結するなどの措置もとっていました。

またローマ規程ができて以降、各国と「二国間免責協定*」（いわゆる「98

＊**二国間免責協定**：ＩＣＣ規程の98条には、ＩＣＣの司法管轄と既存の国際条約の義務との調整を図る規定がある。その2項では、引き渡しに際して相手国の同意を必要とする二国間条約がある場合に、ＩＣＣからはその国の義務履行と相反する引き渡し要請ができないと規定している。米国はこれを利用して、米国民の引き渡しを禁止する相互条約をあらかじめ各国と締結し、ＩＣＣへの米国民の引き渡しをできないようにしようとした。もっとも、98条2項に基づく条約の効力については、まだ事例が発生していないため、実際のところは未解決である。少なくとも、補完性の原則に従い、引き渡し国ないし相手国は、自国でその人を裁判にかけなければならない責任を負う。

条協定」、図表⑬）を結んで自国の兵士が国際刑事裁判所の裁判にかけられることを妨害しようとしました。これはＩＣＣ規程の98条にある例外規定を用いて、国際刑事裁判所への被疑者引き渡しを拒否する外交関係をあらかじめ締結しておこうとするものです。

ただ、２００５年以降は凍結されていた援助も再開され、こうした米国の敵対的な外交は徐々に薄まりつつあります。国際刑事裁判所の活動のためにも、また重大な犯罪の責任者を免責してかくまう場所を減らすためにも、米国、ロシア、中国、インドなどの大国はもちろん、できるだけ多くの国が国際刑事裁判所に参加することが必要です。すでに国連総会は国際刑事裁判所を支持し、国連加盟国に対して速やかに締約国となるよう求めています。

国連安全保障理事会の決定に左右される

国際刑事裁判所は国連とは別の組織ですが、規程上、また事柄

図表⑬　米国との二国間免責協定締約国リスト（合計95カ国。2009年12月時点）

アゼルバイジャン	ガボン	スワジランド	ネパール	マケドニア
アフガニスタン	カメルーン	セントクリストファー・ネイビス	ハイチ	マダガスカル
アラブ首長国連邦	ガンビア	セーシェル	パキスタン	マラウィ
アルジェリア	カンボジア	赤道ギニア	パナマ	ミクロネシア
アルバニア	ギニア	セネガル	パプアニューギニア	モーリシャス
アルメニア	ギニアビサウ	ソロモン諸島	パラオ	モーリタニア
アンゴラ	キリバス	タイ	バングラデシュ	モザンビーク
アンティグア・バーブーダ	グレナダ	タジキスタン	東ティモール	モルディブ
イエメン	コートジボワール	チャド	フィジー	モロッコ
イスラエル	コモロス	中央アフリカ共和国	フィリピン	モンゴル
インド	コロンビア	チュニジア	ブータン	モンテネグロ
ウガンダ	コンゴ	ツバル	ブルキナファソ	ラオス
ウズベキスタン	コンゴ民主共和国	トーゴ	ブルネイ	リベリア
エジプト	サントメ・プリンシペ	ドミニカ	ブルンジ	ルワンダ
エリトリア	ザンビア	ドミニカ共和国	ベニン	レソト
オマーン	シエラレオネ	トルクメニスタン	ベリーズ	
ガーナ	ジブチ	トンガ	ボスニアヘルツェゴビナ	
カーボベルデ	ジョージア	ナイジェリア	ボツワナ	
ガイアナ	シンガポール	ナウル	ホンジュラス	
カザフスタン	スリランカ	ニカラグア	マーシャル諸島	

出典：U. S. Department of State（米国国務省）　作成者：国際人権法チーム

の性質上、国連安保理と密接な関係をもっています。

国連安保理は、各国の政治的な思惑の結果、国際刑事裁判所の活動に干渉する可能性があります。たとえば、国連安保理の行動などを優先させるため捜査を中止させることもできます。これを毎年くり返して、捜査をできなくすることも可能です。

また拒否権をもつ常任理事国のばあい、国際刑事裁判所と国連安保理との関係を妨害することも可能です。しかも常任理事国のうち、米国、中国、ロシアの3カ国は国際刑事裁判所の締約国にまだなっていません。この3カ国をはじめ、国連安保理には国内外で紛争や人権問題に関わっている国が多く含まれています。その関係者が国際刑事裁判所で裁かれるばあい、常任理事国が拒否権を用いて妨害する可能性は高いといえるでしょう。

国際刑事裁判所と国連安保理との右のような関係は、国際刑事裁判所の活動を効果的にするために設けられたものです。その一方で、国際政治の影響を直接受けてしまうことにもなっています。

国連安全保障理事会。©plusgood

第11章
深刻な人権侵害をなくすために

政治的な背景をもつ事件には、往々にして、手続きの進行の前に政治的な障害が立ちはだかります。有力な政治指導者の責任を問うためにつくられた国際刑事裁判所ですが、実態としては、これまでに締約国内の有力な政治指導者が有罪となったケースはありません。その政治家が支配している当該国の反発もありますが、それ以上に国際社会が政治的駆け引きの中で協力を差し控えるからです。

国際刑事裁判所は、武力紛争にともなう悲劇の拡散を防ぎ、その責任を問うことで将来の再発を防ぐためにつくられました。しかし現実の世界は、まだ国際刑事裁判所が十分に活動できる場所ではなく、いまだに新たな武力紛争が生じています。国際刑事裁判所というアイディアは、まったくの無駄だったのでしょうか。

国際刑事裁判所が果たしていること

深刻な人権侵害に対して、国際刑事裁判所は一定の役割を果たしています。大規模で深刻な人権侵害に対してすぐに直接的な軍事行動を検討したこれまでの風潮に対して、まず事態を国際刑事裁判所の判断にゆだねるという選択肢が与えられることになりました。国連憲章により戦争は違法となりましたが、紛争を解決するための手段については、国際社会は相変わらず武力介入*を中心においています。国際刑事裁判所の登場は、武力介入以外の解決への道をひらいたのです。

また国際刑事裁判所は、公正な刑事司法の手続きの模範を世界に示すことも、目的の1つとしてもっています。そのため、これまでの国際刑事裁判所の審理は、政治的な思惑に流されることなく法を適用するという大原則に沿っておこなわれています。各国が政治的な思惑を優先させようとするばあいに、国際刑事裁判所のこうした公正な態度は、各国政府に対して一定の歯止めをかけているということができるでしょう。

「裁く」ことの意味

国際刑事裁判所はさらに、重要なメッセージを私たちに対して発しています。そもそも法で裁くとはどういうことなのでしょうか。

＊**武力介入**：現在、武力介入がおこなわれる際、人道的介入という大義がつかわれている。これは、人道主義の理由からほかの国家や国際機構が主体となり、深刻な人権侵害などが起こっている国に軍事力をもって介入することだが、武力を用いた強制手段であることに変わりはなく、合法性や妥当性について議論がある。

かつてサッカー場だった場所。イラク紛争で殺された人びとを埋葬する墓地となった。イラク、ファルージャ。2004年5月。
© 志葉玲

じつは、法によって裁くことで事態の解決が生み出されるわけではありません。裁きは、その社会の中の関係者たちがそれぞれ納得することで前に進むための手続きです。納得のいく公正な基準に基づき、それぞれに多少の不満があってもとりあえずみんなと歩調を合わせることを可能にするための儀式が、法の裁きなのです。

それを現実の解決としているのは、そこに関係する当事者たち自身です。実際の被害者や加害者のほか各国政府や武装勢力もまた、この当事者に含まれます。国際刑事裁判所があることにより、政府は法による解決を模索します。その結果、各国はそれを無視した武力による解決を求めにくくなります。間接的ではありますが、国際刑事司法には、政治的な思惑だけで世界がふり回されるのを防ぐ働きがあるのです。

しかし、そうはいっても、国際刑事裁判所だけでは事態を解決できないことも事実です。むしろ、これまでの経験では、国際刑事裁判所が武力紛争のような事態をすぐには解決できないことを示してしまっているといっても過言ではありません。それでは、ほかにどのような手段を考えなければならないのでしょうか。

深刻な人権侵害に対処するほかの方法

人権侵害というのは、さまざまな要因が重なり、そしてさまざまな被害が重なった結果です。その解決のためにはたった1つの冴えたやり方というものはありません。国際刑事裁判所は解決法の1つではありますが、これから紹介するほかのいろいろな方法と関わる中で、ようやくその機能を発揮できるといってもよいでしょう。

●国連

第1にあげられるのは、国連の活動です。国連は、各国の政治や外交の舞台として、人権侵害の解決に向けた大きな役割を果たしています。その範囲は、国際人権諸基準を策定する機能から、国連の諸機関による現地での活動、あるいは国連による調査や各国政府への働きかけなど多岐にわたります。国際刑事裁判所は安保理との間に前に述べたような緊張関係をもちますが、一方で国連諸機関の協力がなければ、国際刑事裁判所の捜査活動は十分にはおこなえません。

人権侵害によって被害を受けた人びとを保護して必要な援助を実施する際

国際連合の総会の会議場。2006年。© Control Arms

にも、国連に期待するところが大きいのは事実です。国連難民高等弁務官事務所（UNHCR）、国連人権高等弁務官事務所（OHCHR）、国連児童基金（UNICEF）、国連開発計画（UNDP）、国連世界食糧計画（WFP）など多くの国連機関が、現地で被害にあった人びとを救援するプログラムを実施しています。

●真実委員会

前に取り上げた真実委員会も、解決法の1つです。国際刑事裁判所とは異なるやり方ですが、被害の実態を明らかにして、その実際的な解決法を探るという意味では重要なとりくみです。いくつかの事例では責任者を十分に明らかにすることができなかったこともありますが、国際刑事裁判所も真実委員会も、まずそこに関わった当事者たちの納得をどこまで引き出したかという側面で考える必要があるでしょう。

国際刑事裁判所やほかの裁判所制度を選択するか、それとも真実委員会の形式を選択するか、あるいは両方を用いるか。被害を受けた当事者の納得を引き出すという見方からすれば、その場にいる当事者たちの納得をどうすれば一番得やすいかという基準で決めるべきです。

ただし、どれをとるにせよ公正さの基準はきちんとしていなければなりません。それこそが国際人権基準であり、国際刑事法の基準ということになります。

●政府開発援助（ＯＤＡ）

各国政府がおこなうＯＤＡ*も、被害者の保護、救済、社会復帰を助けます。日本政府がもつ巨大な援助機関である国際協力機構（ＪＩＣＡ）も、各国の援助機関とおなじように、世界各国で重要な役割を期待されています。実際に現地で活動することによって、そこに居住する被害者たち本人に届く援助が可能です。

国連が現在採用し、日本政府も強く主張している「人間の安全保障」という概念も、こうした現地での活動を広げる機会になっています。国家の安全保障という概念から人間一人ひとりの安全保障に視点を移そうというこの概念はまた、現地の司法体制を整備するということも目標の1つとしています。国際刑事裁判所が有効に機能するためには、各国の司法体制をしっかり整える必要がありますが、そのためにもさまざまな援助は役に立っています。

*政府開発援助（ＯＤＡ）：ＯＤＡは、Official Development Assistanceの頭文字。政府の実施機関によって開発途上国または国際機関に供与されるものであり、開発途上国の経済・社会の発展や福祉の向上に役立てるためにおこなう資金・技術提供による協力のことである。

●非政府組織（ＮＧＯ）

ドイツ西部の製鉄業で知られるオーバーハウゼン市には、紛争によって被害を受けた子どもたちを世界中から受け入れて治療をおこなっている施設があります。「ドイツ国際平和村」は１９６７年、中東戦争やベトナム戦争の被害を受けた子どもたちの治療をおこなう計画として始まりました。現在では、世界各地で起こる紛争で苦しむ子どもたちを助けるため、実際に現地での活動もおこなっています。平和村では、紛争の被害に苦しむ子どもたちを、できるだけ自分たちの故郷で回復させるという活動方針をかかげています。

このように、国連や政府だけでなくＮＧＯも、深刻な人権侵害に苦しむ人びとを支援するために活動しています。国際刑事裁判所や国連が有効に機能するには、まず現地の状況を正確に把握することが大切であるため、現地に赴き、正確な情報を収集することを目的に活動しているＮＧＯもあります。アムネスティやヒューマン・ライツ・ウォッチといった団体はその代表格といえるでしょう。

アフガニスタン及び周辺諸国出身の子どもたちが、帰国前にドイツ国際平和村で撮った集合写真。２０１２年。©ドイツ国際平和村

未来に向かって

国際紛争や重大な人権侵害には、各国の政治や外交だけでは対処できません。国際刑事裁判所をはじめとする国際司法が関わることで、多様な解決方法への扉がひらきます。しかし、いったん起こってしまった事件の被害者を救済するためには、事後的な支援活動も重要です。また、そうした活動や現地の情勢をしっかりと調査し、それを踏まえて将来の予防体制に向けた提案をする必要もあります。

国際紛争や重大な人権侵害の解決のためには、国際社会全体で、総合的にとりくむ必要があります。国連、国際刑事裁判所や政府だけではありません。NGO、そして私たち一人ひとりがその一部を自ら担ってこそ、法の支配による世界平和は実現に近づきます。

国際刑事裁判所の設立によりひらかれた、世界的な「法の支配」への道。それを辿るのは、私たち自身なのです。

あとがき

この本を執筆した私たちアムネスティ・インターナショナルは、人権が守られる世界を目指す国際的なＮＧＯです。世界中の人権侵害を調査し、人権を保護する政策の実現のために活動しています。

この本で語られてきたことは、みなさんの日頃の生活からは遠いできごとだと感じるかもしれません。この本で述べたようなしくみに、自分たちが実際に関わることなど考えにくい、と思ってしまうかもしれません。

でも、いまの私たちの暮らしは、すべて世界とつながっています。食べ物も、商品も、あるいは水道、ガス、電気といった公共サービスに目を向けてみても、その背後には紛争があり、人権を侵害されている人びとがいます。私たちには、そうした問題を知り、解決するという責任があります。

この本を最後までお読みくださった読者のみなさん。ありがとうございます。どうか、みなさんが知った国際刑事裁判所の話を、まわりの人びとに伝えていってください。

みなさんが踏み出すその一歩こそが、ほんとうに世界を変えていくのです。

■参考になる本リスト

『子ども兵士—銃をもたされる子どもたち（世界の子どもたちは今　1）』
アムネスティ・インターナショナル日本著、リブリオ出版、2008年

『ぼくは13歳　職業、兵士。—あなたが戦争のある村で生まれたら』
鬼丸昌也＋小川真吾著、合同出版、2005年

『チリの闇—行方不明者を持った家族の証言』
中王子聖著、彩流社、2005年

『グアテマラ虐殺の記憶—真実と和解を求めて』
歴史的記憶の回復プロジェクト編、飯島みどり・狐崎知己・新川志保子訳、岩波書店、2000年

『日本軍「慰安婦」問題すべての疑問に答えます。』

アクティブ・ミュージアム「女たちの戦争と平和資料館」（wam）編著、合同出版、2013年

『語りえぬ真実　真実委員会の挑戦』
プリシラ・B・ヘイナー著、阿部利洋訳、平凡社、2006年

『戦犯裁判と性暴力（日本軍性奴隷制を裁く—2000年女性国際戦犯法廷の記録）』
内海愛子、高橋哲哉責任編集、VAWW-NET Japan 編、緑風出版、2000年

『国際刑事裁判所　法と実務』
東澤靖著、明石書店、2007年

『テキストブック国際人権法（第3版）』
阿部浩己・藤本俊明・今井直著、日本評論社、2009年

『国際刑事裁判所の扉をあける』
日本弁護士連合会著、現代人文社、2008年

■執筆者紹介

■監修者

寺中　誠（てらなか・まこと）
大学教員。アムネスティ・インターナショナル日本前事務局長。大学時代、死刑制度に疑問をもったことからアムネスティの活動と出会い、学生ボランティアとして参加。その後、専門分野である刑事政策や国際人権法、国際刑事法の研究の傍ら、日本の人権政策やICC成立・批准促進をNGO活動家として推進。1990年代にアムネスティ・インターナショナル日本の役員・理事、また2001年から2011年まで事務局長を務める。
著書に『「正義」の再構築に向けて―国際刑事裁判所の可能性と市民社会の役割』（現代人文社、2004年）、『入門国際刑事裁判所―紛争下の暴力をどう裁くのか』（現代人文社、2002年）、『グアンタナモ収容所で何が起きているのか―暴かれるアメリカの「反テロ」戦争』（合同出版、2007年）、『人権で世界を変える30の方法』（合同出版、2009年）など。

■執筆者

朝枝優子（あさえだ・ゆうこ）
団体職員。英語の勉強のために偶然見ていたCNNの番組でアムネスティ・インターナショナル及びICCの存在を知る。20数年間の外資系IT企業勤務後、国際協力NGOセンターでのインターンを経て、現職。

天野　理（あまの・おさむ）
団体職員。学生時代に、日本軍性奴隷制の問題や先住民族の権利などに関心をもち、国の枠を超えた市民の視点で人権問題にとりくみたいと考え、大学及び大学院で国際人権法を学ぶ。学生の頃からアムネスティのボランティア活動に参加し、2006年から2011年まで専従の活動職員を務める。現在は、国際人権法チーム・コーディネーターとして活動。

小川隆太郎（おがわ・りゅうたろう）
弁護士。9・11からイラク戦争への流れの中で法の支配の必要性を痛感し、国際刑事裁判所に関心を抱くようになり現在に至る。

松浦純子（まつうら・じゅんこ）
団体職員。大学時代から国際協力に関して学ぶ。その中で国際人道法に出会い、とくに武器に関する法律に疑問を感じたことがきっかけで、人道法のほか人権法についても学びたいと、国際人権法チームに関わる。

松浦亮輔（まつうら・りょうすけ）
団体職員。学生時代に法学部にて国際人道法等の国際法を学ぶ。模擬国連、模擬国際裁判を通じて国際社会の法と秩序のあり方に興味をもち、社会人となってからアムネスティの活動に参加するようになる。死刑廃止、刑事被収容者の人権等の国際人権法分野に関心がある。

山田志門（やまだ・しもん）
会社員。インターネット業界に10年以上身を置きつつ国際人権法チームに参加中。文化人類学を専攻していた経験から世界の民族と文化の動向に目を向けつつ、ネットワーク・エンジニアリングの観点からテクノロジーと人権の係わり合いに強い関心をもつ。北海道生まれの北海道育ち。

キハラハント愛さん、桜井愛さん、八木万里子さんほか、大勢の方にご協力いただきました。

■活動紹介

アムネスティ・インターナショナル

世界には、政府と違う意見を言ったり書いたりするだけで、刑務所に入れられてしまう国がたくさんあります。そうした国では、刑務所で拷問や虐待を受けることも少なくありません。肌の色が違う、女性である、少数派の民族である、というだけで、差別や暴力を受ける国もたくさんあります。こうした国に対し、「やめてください」という手紙を世界中の人たちが書いて、苦しんでいる人を救う、というのが私たちの活動です。

何百万という手紙の力は大きく、これまでに多くの人が釈放されました。また、世の中を変えるには、まず事実を知ってもらうことが大切であると考え、さまざまな人権侵害を現地で詳しく調査して世界中に知らせる、という活動もしています。国連などの国際機関に意見を言うこともあります。

約 80 カ国に事務所があり、300 万人以上の人が活動に協力。人権分野では世界最大の NGO で、ノーベル平和賞も受賞しています。

◆ アムネスティのことをもっと知りたい！
①説明会やセミナーに参加する
②資料をもらう

◆ アムネスティを応援したい！
①会員になる（年会費 12,000 円、学生は 6,000 円）
②ヒューマンライツ・サポーターになる（月々 1,000 円から）
③寄付をする
④オリジナル商品・フェアトレード商品を買う

AMNESTY INTERNATIONAL
アムネスティ・インターナショナル日本

＜お問い合わせ先＞
TEL：03-3518-6777（東京事務所）
E メール：info@amnesty.or.jp
ホームページ：www.amnesty.or.jp

＊この本の収益金の一部が、公益社団法人アムネスティ・インターナショナル日本の、人権侵害に苦しむ人びとを救う活動に使われます。

【国際人権法チーム紹介】

■国際人権法チームの主旨と目的

- 人権侵害の加害者が、その責任を免れることのないように、人権侵害の真相究明や責任追及を求める活動をおこなっています。
- 人権侵害の加害者を公正かつ中立の立場で裁く国際刑事裁判所の活動を支援しています。
- 加害者が裁かれないことによって、被害者がさらなる苦しみの淵に沈んでしまう悪循環を断ちきることなどを目的にしています。

＊国際人権法とは、世界各国間で共通したルールとして定められている国際法の中で、とくに人権に関するもの。

■具体的なアクション

- 国際人権法に関する問題について、とくに日本国内で社会への啓発活動や情報提供を主な活動内容としています。
- 日本政府が批准していない人権に関するさまざまな国際条約や、批准してもきちんと守られていないものに対して、速やかに批准し、条約をきちんと実行するよう、日本政府に働きかける活動をおこなっています。

ぼくのお母さんを殺した大統領をつかまえて。
――人権を守る新しいしくみ・国際刑事裁判所――

2014年4月10日　第1刷発行

編　者　　アムネスティ・インターナショナル日本 国際人権法チーム
発行者　　上野　良治
発行所　　合同出版株式会社
　　　　　東京都千代田区神田神保町1-44
　　　　　郵便番号　101-0051
電　話　　03（3294）3506／FAX 03（3294）3509
振　替　　00180-9-65422
ホームページ　http://www.godo-shuppan.co.jp/

印刷・製本　株式会社シナノ

■刊行図書リストを無料進呈いたします。
■落丁・乱丁の際はお取り換えいたします。

ISBN978-4-7726-1192-3　NDC360　210×148